MÉMOIRES

POUR SERVIR A L'HISTOIRE

DE LA MISSION DES CAPUCINS

DANS LA RÉGENCE DE TUNIS

Romæ, 5 februarii 1889.

Imprimatur, servatis servandis.

F. Bernardus ab Andermatt
Min. Gen. Capuccinorum.

MÉMOIRES

POUR SERVIR A L'HISTOIRE

DE LA

MISSION DES CAPUCINS

DANS LA RÉGENCE DE TUNIS

1624-1865

Par le R. P. ANSELME DES ARCS

Religieux de cet Ordre, Missionnaire apostolique.

REVUS ET PUBLIÉS

PAR LE R. P. APOLLINAIRE DE VALENCE

du même Ordre

ROME

ARCHIVES GÉNÉRALES DE L'ORDRE DES CAPUCINS

Place Barberini

1889

A M. LE PRÉSIDENT

MONSIEUR LE PRÉSIDENT,

Monseigneur Fidèle Sutter, vicaire apostolique de Tunis, a reçu la lettre dont vous l'avez honoré en date du 31 octobre 1864, par laquelle vous le priez de vous transmettre une notice sur l'origine de notre mission de Tunis et sur les principaux faits de son histoire. Il s'est déchargé sur moi du soin de vous satisfaire.

Ce n'est cependant pas une histoire que je peux vous présenter : je n'aurais pas le talent de l'écrire, et à grand'peine trouverais-je les loisirs nécessaires à son étude. Ce seront donc surtout des souvenirs, recueillis dans les débris de nos archives, plusieurs fois sacca-

gées et pillées par les arabes Tunisiens et Algériens[1].

Mais d'abord, je vous prie d'observer que celui qui réunit et vous offre ces notes, est Français par la naissance et par le patriotisme. Mon père, grenadier volontaire, avait combattu sous le général Bonaparte en Italie et en Égypte; les blessures qu'il rapporta de ces campagnes le firent mettre de bonne heure à la retraite. Ma mère appartenait à une famille du barreau d'Évreux, en Normandie. Mais je suis hors de ma patrie depuis 1825[2]. *J'ai résidé dans les couvents des Capucins de Turin et de Rome pendant dix-huit ans, et je suis à Tunis depuis vingt-deux ans. Ainsi, constamment mêlé à des religieux Italiens, j'ai dû pendant tout ce temps parler exclusivement leur langue, ou la langue latine; j'offenserai donc plus d'une fois la nôtre en cet écrit. Votre bénignité et celle des autres lecteurs me le pardonneront.*

(1) Un incendie a complété la destruction de ces archives en l'an 1885.

(2) Le R. P. Anselme, auteur de cet écrit, est né aux Arcs, près Draguignan, le 5 mai 1811, de Pierre Oriol, maître tailleur, et de son épouse Justine Merle; il a reçu au baptême les prénoms de Jean-Honoré. Il est mort à Rome, dans le collège des Missions des Capucins, près des *Santi Quattro*, à une date que nous n'avons pas pu découvrir, vers l'an 1879.

MÉMOIRES

POUR SERVIR A L'HISTOIRE

DE LA MISSION DES CAPUCINS

DANS LA RÉGENCE DE TUNIS

I

Premiers travaux des Frères Mineurs à Tunis.

L'origine de notre mission Tunisienne, aussi bien que de toutes celles de la côte de Barbarie, remonte aux premières années du treizième siècle. En même temps qu'il partait pour l'Égypte et la Syrie, saint François d'Assise envoyait des apôtres à Maroc, à Tripoli et à Tunis. Le Frère Électe, avec quelques compagnons, vint en cette ville, prenant le titre plus humble de *Pèlerins de Jésus-Christ*.

Ces premiers missionnaires eurent des successeurs ; de sorte qu'on ne cessa pas, pendant plusieurs siècles, de voir des Franciscains demeurer parmi les Sarrasins et les Maures, soit en Barbarie, soit sur les côtes d'Espagne et du Maroc. Là, bon nombre d'entre eux cueillirent la palme du martyre : les premiers furent les Frères Bérard, Pierre, Accurce, Adjute et Othon ; d'autres les suivirent.

Ceci montre qu'antérieurement à la division de l'Ordre des Frères Mineurs en Conventuels, Observants, Récollets et Capucins, déjà une province franciscaine existait en Tunisie. Je me rappelle avoir lu, dans la bibliothèque du grand séminaire de Langres, une lettre latine d'un Souverain Pontife, adressée au Roi de Tunis, et lui recommandant le Provincial des Franciscains de la province de Tunis. Je pris, de cette lettre, de sa date et du nom de son auteur, une note que j'ai eu plus tard l'occasion de prêter, ce qui m'en a valu la perte. Si je ne me trompe, elle était du quatorzième siècle.

Le 25 août 1270, saint Louis, roi de France, mourait à Tunis. Immédiatement après, son fils, Philippe III, surnommé le Hardi, remportait une victoire sur les Tunisiens, et concluait avec leur roi, kalife, ou iman, un traité composé de huit articles. Quelques-uns établissaient les conditions d'une trève de dix à quinze ans. Le troisième était en faveur des religieux et des prêtres ; en voici la teneur :

« Il sera permis aux moines et prêtres chrétiens de s'établir dans les États du Commandeur des croyants. On leur accordera un lieu où ils pourront bâtir des maisons, construire des chapelles, et enterrer leurs morts. Ils auront la liberté de prêcher dans l'enceinte des églises, de réciter à haute voix les prières, en un mot de servir Dieu conformément à leurs rites, et de faire tout ce qu'ils feraient dans leur propre pays. »

Le texte arabe original de ce traité est à la Bibliothèque Impériale de Paris. Sa date est le

5 Rabi-el-Tani 669, qui correspond au 20 novembre 1270. Les auteurs chrétiens disent qu'il fut stipulé le 30 octobre, deux mois et cinq jours après la mort de saint Louis.

Comme l'observe M. Alphonse Rousseau, dans ses *Annales Tunisiennes*, il résulte du précédent article troisième qu'à cette époque il devait y avoir des monastères en Afrique. On cite, en effet, plusieurs bulles des Papes adressées à des religieux Cordeliers et Dominicains des royaumes de Tunis, Bougie et Tlemcen. Je vois ensuite, dans de petits mémoires de notre mission des Capucins, la mention de quelques religieux morts en assistant les pestiférés de la ville de Tunis, au seizième siècle.

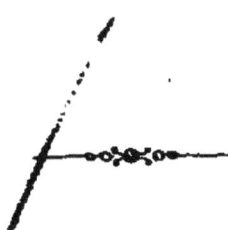

Origines de la mission des Capucins à Tunis (1624). Capucins Siciliens rédempteurs des captifs. Capucins Gênois
missionnaires.

La mission des Capucins à Tunis fut établie en
vertu d'un bref d'Urbain VIII du 20 avril 1624. Il
envoyait à ce pays nombre de nos religieux, qui,
sous le titre de *Procureurs des Esclaves chrétiens*,
devaient porter aux malheureux captifs, dans les
bagnes, et aux chrétiens libres établis en Barbarie,
les consolations et les secours de la religion. Ce
bref est adressé au Père Ange de Coniglione, de la
province des Capucins de Palerme, esclave lui-même,
et assistant les autres esclaves atteints de la peste.
En voici la traduction :

« Urbain VIII, pape, à Notre cher fils Ange de
Coniglione, des Frères de l'Ordre des Mineurs dits
Capucins. Très cher, parmi toutes les œuvres de
charité au moyen desquelles, aidée de la grâce de
Dieu, la famille chrétienne acquiert le salut éternel,
celle-là Nous paraît souverainement plaire à notre
Rédempteur qui consiste à ramener des terres des
impies et à délivrer d'une misérable servitude les

pauvres captifs. Aussi accordons-Nous autant qu'il Nous est donné d'en haut Notre acquiescement aux pieux désirs des fidèles du Christ qui tendent à ce but, et surtout aux vœux de ceux qui servent le Très Haut sous le joug suave de la religion. Or, vous Nous avez récemment fait exposer que, comme vous l'affirmez, vous avez été autrefois détenu captif en Afrique, et dès lors vous avez acquis de ce pays une habitude et une expérience qui vous portent à désirer ardemment y retourner pour délivrer ceux qui y sont captifs de la même façon, si toutefois Notre permission et celle du Siège Apostolique vous étaient accordées à cet effet. En conséquence, Nous louons singulièrement, dans le Seigneur, votre charité, et Nous voulons vous encourager dans l'exécution d'un si louable projet, et vous y aider par des faveurs spirituelles. A cet effet, et seulement pour cet effet, par la teneur des présentes, Nous vous absolvons et voulons que vous demeuriez absous de tout lien, quel qu'il soit, d'excommunication, suspense, interdit et autre peine ecclésiastique portée par le droit ou par le juge pour quelque motif que ce soit, si tant est que vous en soyez frappé. Ensuite, pour répondre aux prières qui Nous ont été faites en votre nom, en vertu de Notre autorité Apostolique, et par la teneur des présentes, Nous vous accordons et permettons de vous rendre à Alger et en d'autres contrées de l'Afrique, de vous y établir et d'y demeurer librement, dans l'intérêt des fidèles du Christ qui s'y trouvent en captivité : cela toutefois du consentement de vos supérieurs et de l'avis de Notre vénérable frère l'archevêque de Palerme, et en emmenant avec vous deux compagnons qui seront désignés par le

Provincial de Sicile ou par un autre supérieur. Nonobstant, etc. Donné à Rome, le 20 avril 1624. »

Les Capucins Siciliens restèrent en Barbarie jusqu'en 1636. Il ne nous reste aucun document sur leurs travaux. On comprend que, n'ayant pas d'habitation fixe, vivant dans les bagnes des esclaves chrétiens, ils ne purent pas donner commencement à un dépôt d'archives.

En 1630, le Père Ange fut remplacé par le Père Louis de Palerme, qui était assisté par un religieux esclave. Nos documents laissent supposer que c'était le Père François Longabardi, général des Minimes, tombé dans les mains des corsaires tunisiens. Le gouvernement de la mission par le Père Louis dura jusqu'en 1636; tout autre renseignement sur cette période nous fait défaut.

Le 30 janvier 1636, la Sacrée Congrégation de la Propagande substitua les Capucins de la province de Gênes à ceux de Sicile, en leur enjoignant de s'établir dans l'île de Tabarca, qui alors, comme nous aurons à le dire amplement plus loin, appartenait à la noble maison Lomellini, de Gênes, et était peuplée de ses compatriotes. Voici le décret :

« Décret porté par la Sainte Congrégation de la Propagande réunie en présence de Notre Saint Père le Pape le 30 janvier 1636. La Sacrée Congrégation donne aux Pères Alexandre de Gênes, Zacharie de Finati, Cyprien de Cadix et Didace de Gênes, capucins, approuvés par le Révendissime P. Prédicateur de Sa Sainteté et par le Général des Capucins, la mission de se rendre dans les villes de Barbarie où se trouvent des esclaves chrétiens, c'est-à-dire dans les royaumes de Tunis, de Medidja et de Constantine, excepté toutefois aux lieux assignés aux Augustins déchaussés. Elle désigne pour Préfet de cette mission le Très Révérend Père Alexandre de Gênes. Elle affecte cent écus par an pour la subsistance des missionnaires. Ceux-ci feront leur résidence à Tabarca, île de MM. Lomellini, de Gênes. La Sacrée Congrégation ordonne que soit remise aux mains dudit Père Alexandre l'instruction dressée ledit jour 30 janvier 1636.

» Cardinal Antoine BARBERINI, préfet.

» Fr. JACOBI, secrétaire. »

« INSTRUCTION. 1° On établira à Tabarca une mission de Religieux dont l'emploi sera de se rendre dans les cités et bourgs de la Barbarie, spécialement à Alger, Tripoli et Tunis, afin d'y visiter et consoler les esclaves catholiques.

» 2° Auxdits Religieux seront accordés les pouvoirs de missionnaires, avec la faculté de les communiquer, en tout ou en partie, à deux prêtres esclaves en chacune de ces villes, en prenant soin de choisir les plus dignes.

» 3° A ces deux prêtres, ils donneront la faculté de transmettre provisoirement les mêmes pouvoirs à deux autres, lorsqu'ils se verront près de mourir ou d'être rachetés; mais alors ils devront promptement faire savoir aux missionnaires quels prêtres ils se sont substitués, afin que les missionnaires puissent approuver et confirmer cette substitution. »

L'établissement ainsi formé à Tabarca subsista

jusqu'en 1652. Il cessa par l'effet des révolutions et des guerres qui à chaque instant éclataient dans la Régence entre les deys, les beys et les divans de Tunis, de Constantine, d'Alger et de Tripoli. Dans le même temps, des pestes effroyables ravagèrent ces pauvres pays, emportant, dans la seule ville de Tunis, jusqu'à quarante et même soixante mille victimes, comme l'a fait observer M. Alphonse Rousseau dans ses *Annales Tunisiennes*. Les missionnaires succombèrent presque tous aux atteintes du fléau ; la mission se trouva ainsi désemparée en l'an 1652.

III

M. Le Vacher, prêtre de la Mission, succède à nos Pères. Il fonde une chapelle à Biserte et une autre dans le consulat français. Traités entre la France et Tunis en 1665 et 1685.

Pendant près de vingt ans, nos missionnaires furent remplacés à Tunis par M. Jean Le Vacher, prêtre de la Mission, qui fut aidé dans l'exercice de ses fonctions par un prêtre gênois esclave, nommé Don Marcello Costa : celui-ci reçut même de la Sacrée Congrégation de la Propagande des lettres de missionnaire apostolique, sollicitées pour lui par M. Le Vacher. Plus tard, il fut encore aidé par le Père Louis de Palerme, capucin, envoyé à cet effet par son Provincial.

M. Le Vacher demeura dans le *fondouc* du consulat de France, seule agence diplomatique européenne qui, depuis 1583, existât à Tunis. Le consul, M. Lange de Martin, mourut peu après, ayant, à la demande du bey qui régnait alors, désigné pour son successeur provisoire ce digne prêtre, qui fut ensuite consul titulaire jusqu'en 1667. Dans les actes officiels, il se qualifiait : « Prêtre de la Mission, missionnaire et vicaire apostolique, grand vicaire en l'archevêché de Carthage en Afrique, consul pour la nation française en la ville et royaume de Tunis. » Sa gestion cessa par l'arrivée de M. Jean Ambroisin, consul. Nos archives contiennent quatorze lettres de M. Le Vacher, toutes écrites d'Alger aux Capucins missionnaires à Tunis, entre les dates extrêmes du 17 avril 1672 et du 7 juin 1682.

Il avait été chargé de fonder une chapelle à Biserte, pour le service religieux des chrétiens qui viennent chaque année pêcher le corail sur cette côte et au cap Zibib. Il fonda aussi, dans le consulat, une chapelle qu'il dédia à saint Louis, roi de France. Ce fut la première église publique et la première paroisse des francs [1] à Tunis. Le gouvernement beylical la reconnut dans le traité qu'il passa, en l'an 1665, avec le duc de Beaufort agissant pour la France. Il y est dit, à l'article 15 :

« Le consul français résidant à Tunis sera honoré et respecté...., et continuera d'avoir dans sa maison un lieu où lui et les sujets de Sa Majesté Très Chrétienne exerceront librement leur religion, sans que personne puisse, par paroles ou par actes, y apporter aucun empêchement, et leur faire tort ou injure. Et pourra ledit consul avoir et entretenir un prêtre, tel qu'il lui plaira, pour desservir la chapelle, sans que le Bey et le Divan l'en empêchent. Fait à bord de l'amiral, à la baie de la Goulette, le 25 novembre 1665.

Signé : « Le duc de BEAUFORT (avec le cachet de ses armes). »

Sceau du Pacha, Divan et Milice de Tunis.

---

(1) Le mot *franc* est la désignation opposée à celle du mot *esclave*.

Cet article fut reproduit en ces termes dans le 19e d'un autre traité, le 30 août 1685 :

« Les Pères Capucins et autres religieux mission- naires à Tunis, de quelque nation qu'ils puissent être, seront désormais traités et tenus comme propres sujets de l'Empereur de France, qui les prend sous sa protection. Par suite de cette qualité, ils ne pourront être inquiétés ni en leurs personnes, ni en leurs biens, ni en leur chapelle, comme propres et véritables sujets de l'Empereur de France. Le consul pourra exercer en liberté dans sa maison la religion chrétienne, tant pour lui que pour tous les chré- tiens qui y viendront assister.

Signé : - Le maréchal d'ESTRÉES. -

Cachets de Mehemet-Pacha ; Ahmed Chelebi-Dey ; Mohamed-Bey, moussa aga des janissaires.

IV

Mort de M. Le Vacher (1688). Le vicariat apostolique d'Alger reste aux mains des Prêtres de la Mission, avec juridiction sur Tunis.

Ce fut donc vers la fin de 1671, ou au commencement de 1672, que M. Jean Le Vacher quitta Tunis, dont il laissait la mission aux mains d'une colonie de Capucins des provinces romaines. Il alla fixer sa résidence à Alger, où il conserva jusqu'à sa mort le titre de Vicaire apostolique d'Alger et de Tunis. Une lettre de son successeur indique assez clairement qu'il fut enlevé par une maladie en l'an 1688 ; cependant, la tradition algérienne dit qu'il était consul de France, et que, en haine de notre pays, il fut attaché à la bouche d'un canon, dont la décharge le tua, en l'an 1684.

Il eut pour successeur, dans son vicariat, M. Joseph Gianola, son confrère, qui fit sa visite pastorale à Tunis en juillet 1689. Quatorze autres Prêtres de la Mission se succédèrent dans cette fonction jusqu'en l'an 1798. Voici leurs noms :

MM. Lorance, 1695 ;
Philippe Le Roy, 1700 ;
Lambert Duchêne, 1705 ;

MM. Pierre Favoux, 1738;
      Adrien Poissant, 1744;
      Arnold Le Bossu, 1746;
      Théodore Groiselle, 1756;
      Charles La Pie de Seyvigny, 1764;
      Philippe Le Roy II, 1767;
      Pierre Vignier, 1773;
      Charles Cosson, 1779;
      Michel Ferrand, 1784;
      Giovanni Alasia, 1785-1793.

Plusieurs de ces vénérables vicaires apostoliques sont venus à Tunis faire la visite pastorale et administrer le sacrement de confirmation, nos Pères Préfets n'en ayant pas encore la faculté, qui leur fut accordée seulement en 1798.

A propos de ces dignes Prêtres de la Mission, ou Lazaristes, je me rappelle ceci :

Je faisais les fonctions d'aumônier à l'hôpital de la division militaire de Turin, de 1832 à la fin de 1842. Il y avait là une vingtaine de Sœurs de Charité; on les avait choisies toutes françaises, à cause des soldats originaires de la Savoie. M. Durando, de Mondovi, était alors supérieur des Lazaristes de Turin et des Sœurs de Charité de la région. Un jour qu'il était venu visiter celles de l'hôpital, il me dit : « Savez-vous que, vous autres Capucins, vous êtes de petits voleurs? — Pourquoi donc, Monsieur? — Mais parce que vous nous avez volé notre belle mission de Tunis. »

Je ne sus que répondre, ne connaissant point alors l'histoire de cette mission. Aujourd'hui, que j'y ai passé vingt-deux ans, je serais à même de dire à ce vénérable et véritable fils de saint Vincent : « Monsieur Durando, vous vous êtes trompé : l'histoire et les documents que j'ai en main racontent et prouvent que la mission de Tunis a commencé, du vivant de saint François, et par ses enfants, trois siècles et demi avant la naissance du père des pauvres, du grand Vincent de Paul. Les Pères Capucins, enfants de saint François eux aussi, se sont présentés de nouveau à Tunis vers la fin du seizième siècle, lorsque Vincent était peut-être encore au berceau, ou tout au plus petit écolier. D'autres Capucins y furent envoyés par Urbain VIII en 1624, et la Congrégation des Prêtres de la Mission a été approuvée par le même pape seulement en 1632. Nous ne vous avons donc point volé Tunis ; nous avons repris un poste précédemment occupé pendant des siècles, et délaissé un instant par suite de force majeure. »

V

Reprise de la mission en 1672. Services dans les bagnes d'esclaves. Troubles politiques dans la régence. Expédition du maréchal d'Estrées en 1685. Établissement des missionnaires au cap Négro (1685), à Biserte, à Porto-Farina, à la Goulette, au cap Rouge.

Au commencement de l'année 1672, la Sacrée Congrégation de la Propagande désigna pour Préfet et Pro-Vicaire apostolique de Tunis le Père Charles d'Ancône, capucin de la province romaine. Ce nouveau supérieur amena plusieurs missionnaires. Ils firent pendant près de soixante ans leur demeure dans le consulat de France, et desservirent pendant près d'un siècle la chapelle de Saint-Louis, paroisse des francs.

Les esclaves chrétiens, pour l'ordinaire, n'y étaient pas admis. Ils étaient distribués par nations, dont chacune avait sa chapelle, désignée, comme le bagne, par le nom de son patron : bagne de Sainte-Croix, de Saint-Roch, de Sainte-Lucie, de Saint-Antoine, de Saint-Léonard, etc. Chacune, aussi, avait son missionnaire, et était administrée temporellement par deux esclaves, avec le titre de *marguillers* ou de *maggiordomi* : ils rendaient annuellement compte de leur administration au Préfet.

Tout alla bien tranquillement jusqu'à la fin de 1677. Au commencement de l'année 1678, la guerre civile éclata entre Ali-Bey et son frère Mohammed-Tabak. Elle coûta la vie à un grand nombre de personnes. Dans le cours de cette crise sanglante, les chrétiens se virent sérieusement menacés dans leur vie et dans leurs biens. Les missionnaires, et les consuls eux-mêmes, ne furent pas en plus grande sécurité. Celui de France, M. Charles Gratien, et son collègue d'Angleterre se virent violemment traînés devant le Bey Mohammed, et obligés, sous menace du dernier supplice, de s'engager au paiement de sommes considérables, et de l'effectuer. Cela évita de plus grands malheurs aux chrétiens.

Dans le courant de l'année 1685, le gouvernement français envoya, sous les ordres du maréchal d'Estrées, une flotte chargée de mettre à la raison les Tripolitains. Elle se présenta également à Tunis, demandant des réparations pour les dommages causés au commerce français par les corsaires de la Régence, au mépris des traités consentis par les deux États. Pour éviter la guerre, Tunis signa un nouveau traité, par lequel, à titre d'indemnité, la Régence s'obligeait à verser une somme de soixante mille écus. Mais, les finances de l'État ne permettant pas d'en payer la totalité, on accorda au commerce marseillais l'autorisation de fonder un comptoir au cap Négro, situé sur la côte, à quatre lieues à l'est de Tabarca. Ce fut l'origine de cet établissement français. Le Préfet apostolique reçut l'ordre d'y fonder une chapelle et d'y placer un missionnaire pour le service de la colonie. En 1707, celle-ci fut annexée à la Compagnie des Concessions d'Afrique.

Peu après, une chapelle, dédiée à l'Immaculée-Conception, fut ouverte à Biserte, et un missionnaire y fut envoyé, pour le service et la consolation spirituelle des agents de la Compagnie, des esclaves et des pêcheurs de corail, qui y viennent en grand nombre chaque année. Cette création fut approuvée par le gouvernement tunisien, en un traité conclu avec M. du Rocher, agissant pour la France. En voici l'article 4e :

« Les agents de la Compagnie Royale d'Afrique jouiront, dans les lieux de leurs établissements, avec toute la tranquillité et sûreté qui leur sera nécessaire, des mêmes privilèges qui sont accordés au consul de l'Empereur de France résidant à Tunis. Ils pourront, dans leurs maisons, exercer librement la religion chrétienne, sans que personne puisse les inquiéter à ce sujet. Mais il ne leur sera pas permis de sonner les cloches, ni de chanter de façon à être entendus des passants. »

Cela fut répété dans un autre traité en 1781.

Plus tard, le gouvernement tunisien fonda un arsenal maritime à Porto-Farina, pour les navires de course des Corsaires. Un bon nombre de constructeurs chrétiens, et même français, vinrent y travailler. Leurs enfants et leurs neveux existent encore parmi nous, à la Goulette, où cet arsenal fut transporté par suite de la cessation de la piraterie (1818). Ce sont principalement les familles André, Gaspary et Cubisol, originaires de La Ciotat. Ces trois maisons patriarcales, unies par des liens de mariage depuis près d'un siècle et demi, ont toujours été, à Porto-Farina et à la Goulette, les amis et l'appui de la chapelle et des missionnaires.

Plus tard encore, le Procureur général de l'Ordre ordonna au Préfet d'envoyer un missionnaire au cap Rouge, situé entre La Calle et l'île de Tabarca, pour y assister les pêcheurs de corail. Un doute fut alors élevé, savoir : ce cap appartenait-il à la Régence de Tunis, ou à celle d'Alger? La Sacrée Congrégation de la Propagande rattacha ce nouvel établissement à la Préfecture de Tunis. Ce fut la quatrième chapelle établie sur la côte de l'ouest.

VI

Peste de 1705. Services et mort de plusieurs missionnaires. Guerre avec Alger. Arrivée de la dynastie actuelle sur le trône de Tunis.

En 1705, il y eut une guerre entre le bey de Tunis et le dey de Tripoli. La peste se déclara dans les rangs des troupes tunisiennes, et moissonna une infinité de soldats ; le bey Ibrahim fut contraint de rentrer à Tunis. Le fléau se déclara peu après dans cette capitale, et y sévit pendant six mois. Il y eut jusqu'à 700 décès par jour : beaucoup de chrétiens, francs et esclaves, en furent victimes. Deux préfets de notre mission succombèrent l'un après l'autre, en allant prodiguer les secours de la religion aux malheureux esclaves renfermés dans les bagnes.

Les francs se retirèrent dans le fondouc du consulat de France, et prirent toutes les précautions possibles pour se préserver. Une d'elles fut d'établir des barrières dans le vestibule du fondouc, et le missionnaire qui s'était joint à eux fut invité à ne plus sortir de l'enceinte, alors même qu'on réclamerait au dehors le secours de son ministère. Les pestiférés durent donc venir se confesser à lui à travers les barreaux de la porte d'entrée. Le pauvre Père ne fut pas moins atteint par la contagion, et mourut.

Les autres missionnaires s'étaient enfermés dans les bagnes, pour y assister les pauvres esclaves.

On assure que le fléau, dans la seule ville de Tunis, ne fit pas moins de quarante-quatre mille victimes.

Dans le cours de la même année, la guerre éclata encore, et cette fois ce fut avec le dey d'Alger. Dans un combat près du Xef, Ibrahim, bey de Tunis, fut vaincu, chargé de chaînes et conduit au camp des Algériens, ainsi que son frère Mohammed. A la suite de cette capture, Hossein, ou Hussein ben-Ali, fut proclamé bey de Tunis.

Son père, renégat grec, natif de l'île de Candie, avait fait partie d'un détachement recruté dans le Levant pour l'armée tunisienne, et s'était fait musulman sous le nom de Ben-Ali-Turki : le bey Mourad régnait alors à Tunis. Le successeur de ce prince, Ibrahim-el-Cherif-Bey, prit Ben-Ali-Turki pour son lieutenant. Celui-ci eut deux fils : Hussein-Bey, qui monta sur le trône de Tunis en 1705 après la défaite d'Ibrahim, et Mohammed, qui partagea la fortune de son frère. Avec celui-ci commença la dynastie qui s'est perpétuée jusqu'à nos jours, et a donné douze rois dont voici les noms :

Hossein-Bey I, élu en juillet 1705 ;

Ali-Pacha, 1735 ;

Mohammed-Bey I, 1756 ;

Ali-Bey, 1759 ;

Hamoda-Pacha, 1782 ;

Othman-Bey, 1814. Mort assassiné trois mois après son élection, à la suite d'une révolution de palais. Ses deux fils, Sidi-Salah et Sidi-Ali, eurent la tête tranchée dans la même occasion. Le jour même de cette catastrophe, la femme d'Othman-Bey mit au monde un fils qui seul survécut. Ce jeune prince, nommé Mohammed, est resté enfermé dans une espèce de caveau attenant au palais du Bardo jusqu'au 3 juin 1855, jour où, après quarante et un ans de captivité, il fut rendu à la liberté par ordre du bey Mohammed III, qui voulut inaugurer son règne par ce grand acte de justice.

Mohammed-Bey II, élu le 21 décembre 1814, jour de la fin tragique de son cousin Othman-Bey ;

Hossein-Bey II, 1824 ;

Moustafa-Bey, 1835 ;

Ahmed-Bey, 1837 ;

Mohammed-Bey III, 1855 ;

Mohammed-el-Sadok-Bey, élu le 23 septembre 1859, aujourd'hui régnant. J'assistai à son élection en compagnie du consul de France et des officiers du consulat ; je représentais là Mgr Sutter, vicaire apostolique, alors absent pour les affaires de la mission.

La plupart des beys de cette dynastie, sentant dans leurs veines un peu de sang chrétien, ont été très tolérants pour les chrétiens et pour les missionnaires. Nous devons surtout au dixième, Ahmed-Bey, l'hommage d'une reconnaissance particulière : il a été un ami dévoué et un bienfaiteur généreux du vicaire apostolique et de la mission.

VII

Bienveillance d'Ahmed-Bey pour la mission. Il décore du
Nichan Mgr Sutter et ses compagnons. 1837-1855.

Les missionnaires avaient cessé dès 1724 de résider au fondouc du consulat de France, où ils étaient
logés gratuitement. Plusieurs années après, ils prirent à loyer, pour mille piastres par an, un local où
ils firent leur habitation et ouvrirent une chapelle.
Ils y demeurèrent jusqu'au commencement de 1845.
Les frais de réparation, chaque année, égalaient, ou
à peu près, le prix de ce loyer. Leurs ressources
consistaient presque uniquement dans une subven-
tion annuelle de cent écus romains, fournis par la
Sacrée Congrégation de la Propagande pour leur
subsistance, et dans six cents francs alloués par le
gouvernement français pour le service de la chapelle
du consulat.

Le consul de France, M. Charles de Lagau, fit
en notre faveur de bienveillantes démarches auprès
d'Ahmed-Bey; elles furent appuyées par le comte
Joseph Raffo, insigne bienfaiteur de cette mission. Le
prince, se rendant à leurs prières, dispensa pour
l'avenir de cette redevance annuelle le Vicaire apostolique et la mission. De plus, il accorda gratuite-

ment l'emplacement de l'anc'en consulat d'Espagne,
attenant à une église que nous desservons depuis
1839. Il fit don d'un terrain pour l'agrandissement
du cimetière catholique, devenu trop petit par suite
de l'augmentation de la population chrétienne, qui
afflua lorsque la prise d'Alger par l'armée française
eut assuré la sécurité des Européens dans les États
barbaresques.

Ahmed-Bey introduisit encore l'usage de défrayer
généreusement l'évêque pour ses visites pastorales
dans la régence. Il mettait à la disposition du prélat
une de ses voitures à quatre chevaux, escortée de
quatre cavaliers, et suivie de quatre serviteurs chargés du soin des mulets et des bagages. Dans toutes
les villes où l'évêque devait passer où s'arrêter, les
kaïds avaient l'ordre de pourvoir au logement et à la
nourriture du prélat, de ses compagnons et de tous
les hommes et chevaux. Ses cousins et sucesseurs
ont jusqu'à présent continué ces faveurs.

Il mourut sans laisser d'enfants le 30 mai 1855.

Le choléra-morbus sévit en 1850 dans la régence
et dans la ville de Tunis, portant l'épouvante dans
toutes les classes de la population indigène et européenne, dont une bonne partie émigra ou se ren-
ferma dans des maisons de campagne. Presque tous
les muftis et cadis, prêtres musulmans, partirent de
la ville pour éviter le fléau. Les prêtres chrétiens
(Papas roumis) restèrent à leur poste pour assister
les cholériques, les accompagner, et même quelque-
fois les porter à leur dernière demeure. Ceci parvint
à la connaissance d'Ahmed-Bey, renfermé dans son
nouveau palais de la Mahomédie. Il envoya son
secrétaire-interprète, chevalier Antoine Bogo, à

l'évêque, pour l'inviter à venir chez lui. Le lendemain, 23 novembre, le même chevalier vint prendre
le prélat pour le conduire. Le Bey fit à Mgr Sutter
l'accueil le plus cordial, et le décora du Nichan de
première classe ; en même temps, il lui remit trois
autres Nichans, deux d'officier, pour son chancelier
et son secrétaire, et un de chevalier pour le frère
laïque attaché à la personne du prélat.

Ce fut pour l'évêque une surprise très grande. Il
s'empressa de donner au Souverain Pontife, par le
canal de la Sacrée Congrégation de la Propagande,
connaissance de la bonté du prince, et obtint l'autorisation de porter cette décoration. Pie IX chargea
le cardinal Antonelli de répondre à Mgr Sutter par
la lettre suivante, du 20 février 1851 :

« Révérendissime et Illustrissime Seigneur, le
Saint Père a appris avec plaisir, par la lettre que
Votre Seigneurie Illustrissime et Révérendissime
m'a adressée le 20 novembre dernier, la distinction
que Son Altesse le Bey a voulu vous accorder, ainsi
qu'aux autres religieux attachés à votre personne,
en vous décorant tous du Nichan, suivant la dignité
de chacun. Cet évènement ne pouvait que satisfaire
le Saint Père, qui y voit un témoignage d'estime et
d'honneur, conféré aux ministres sacrés de la religion
catholique par un prince hétérodoxe. J'ai, en outre,
exprimé à notre Saint Père votre désir d'être auto-
risés, vous et les vôtres, a porter cet insigne. Bien
que le caractère de l'ordre que vous professez tous y
fasse obstacle, Sa Sainteté à daigné bénignement
condescendre à votre demande, dans la vue que ceci
vous attirerait plus de respect de la part des Musul-

mans et n'aurait point lieu sans un notable avantage
pour les catholiques résidant en ces contrées. Il faut
requérir à ce sujet le consentement du Révérendissime Père Général de l'Ordre. Le Saint Père ajoute
la condition de ne point porter ces insignes hors de
l'étendue des états ottomans [1].

(1) Le roi Louis-Philippe avait précédemment décoré Mgr Sutter de la croix de chevalier de la Légion-d'Honneur.

VIII

Nouveau traité entre Tunis et la France en 1720.

Vers la fin de l'an 1719, une rupture eut lieu entre la France et le bey Hussein, par suite du naufrage, sur les côtes de Sicile, d'un navire français qui faisait voile de Tunis pour l'Égypte, où il portait des pèlerins tunisiens. Le gouvernement Sicilien avait jeté dans ses bagnes tous les passagers, et confisqué leurs effets.

Indigné contre le pavillon français, le Bey fit appeler au Bardo notre consul, qui s'y rendit en compagnie du Père Préfet des Capucins missionnaires et de deux députés de la nation. Le prince leur exprima son mécontentement en termes fort amers, et déclara que, de concert avec le Conseil de la régence, il avait décidé que si, dans le délai de deux mois, ses sujets détenus dans les bagnes de Sicile ne lui étaient pas rendus, il ferait mettre aux fers le consul et ses nationaux.

M. Denis du Sault fut envoyé extraordinairement pour ce fait à Tunis par le gouvernement du roi Louis XV. Il renouvela les traités de paix qui unissaient les deux états, et tranquillisa les missionnaires et les chrétiens. Ce traité fut signé le 20 février 1720.

On n'oublia pas d'y renouveler les dispositions pré-
cédentes relatives à la mission : elles y figurent, à
l'article 25, en termes à peu près semblables à ceux
de l'article 19 du traité du 20 août 1685, cité plus
haut. C'est-à-dire, la mission et les missionnaires
capucins établis dans la régence, de quelque nation
qu'ils soient, seront immédiatement sous la protection de l'Empereur de France, reconnus comme tels
par le gouvernement tunisien, et respectés dans leurs
personnes et dans leurs biens.

IX

Établissement des Trinitaires espagnols à Tunis, de 1720
à l'extinction de la piraterie et de l'esclavage en 1818. La
paroisse espagnole lui survit.

Dans le courant de la même année 1720, les Pères
Trinitaires de Castille vinrent à Tunis, sous la conduite d'un d'entre eux nommé Francisco Ximenès.
Rome leur avait accordé la permission de fonder
dans cette ville un hôpital en faveur des esclaves
chrétiens, quoique déjà il en existât un depuis quelque temps, desservi par les Capucins attachés au
bagne de Sainte-Croix, tout près du consulat de
France. Voici le décret de la Sacrée Congrégation
qui autorisait ce nouvel établissement :

« Sur le rapport de l'Éminentissime et Révérendissime cardinal Barberini, au sujet de l'instance du
Père Joseph de Castaneda, procureur spécial des
provinces espagnoles de l'Ordre de la Très Sainte
Trinité, demandant, au nom de la province de Castille, l'autorisation de fonder dans la ville de Tunis
un hôpital pour les esclaves malades, bien qu'il y
existe déjà un hôpital semblable, près des bagnes,
sous le gouvernement des Pères missionnaires de

l'Ordre des Capucins, la Sacrée Congrégation a décrété qu'il y a lieu de permettre aux Pères Trinitaires de fonder cet hôpital, à condition qu'il soit tout à fait séparé des bagnes, et qu'il soit construit et entretenu entièrement à leurs frais, sans aucune contribution de la Sacrée Congrégation. Ils pourront, sous la dépendance du Vicaire apostolique, entendre les confessions et administrer tous les autres sacrements aux esclaves seulement, et point à d'autres, et cela pendant le séjour desdits esclaves dans leur nouvel hôpital. Ils pourront aussi les y ensevelir. Tout cela sans porter en tout le reste atteinte à la faculté, qui aujourd'hui appartient aux Capucins, d'exercer en tous les autres lieux, en toute chose et pour toute chose, la juridiction ecclésiastique, et sans s'immiscer jamais en quoi que ce soit, et sous quelque prétexte ou couleur que ce soit, dans les ministères qui concernent l'exercice de la mission et les facultés des missionnaires, qui appartiennent exclusivement aux Capucins. De plus, lesdits Pères Trinitaires seront tenus d'employer un zèle ardent pour remplir pacifiquement une œuvre aussi sainte et salutaire, suivant l'opportunité et l'exigence des circonstances.

» Donné à Rome, le 3 juin 1720.

» Joseph, cardinal SACRIPANTES, *préfet.* »

Cet établissement fut reconnu par le bey Hussein, qui signa, au mois de juin de la même année 1720, avec le Père Francisco Ximenès, une convention en vertu de laquelle cet hôpital était autorisé pour les besoins des esclaves chrétiens.

Ces Pères Trinitaires espagnols restèrent à Tunis

assez longtemps, sans que je puisse préciser l'époque de leur retour en Espagne. Ç'a dû être à la fin de l'esclavage des chrétiens, vers le commencement de ce siècle. Une lettre du R. P. Alexandre de Massignana, préfet de notre mission en ce temps-là, indique assez clairement que cette fin eut lieu partiellement dans le courant de la Semaine-Sainte de l'an 1816, et totalement en 1818. A cette époque, la question de réprimer la piraterie des Barbaresques fut sérieusement discutée par les grandes puissances de l'Europe, dans les conférences tenues à Aix-la-Chapelle. La France et l'Angleterre furent chargées d'envoyer leurs escadres sur les côtes des régences, afin d'en finir une fois pour toutes. Elles se présentèrent dans les eaux de la Goulette en septembre 1818, et forcèrent le bey à renoncer à la piraterie.

Il est donc possible que, cessant l'objet du ministère des Trinitaires espagnols, ces Pères se soient alors retirés. Cependant, un d'eux, le Père Benito, continua de résider à Tunis. Il habitait le consulat d'Espagne, où il desservait une petite chapelle, pourvue du titre de paroisse des Espagnols en vertu d'une bulle pontificale du 4 août 1777, obtenue par la cour de Madrid. Une autre bulle, en date du 26 avril 1798, et commençant par les mots : *Decet Romanum Pontificem* confirma la précédente. Elles furent accordées sur la demande plusieurs fois répétée des Trinitaires et de Charles III, roi d'Espagne, à l'effet de soumettre tous les sujets et protégés espagnols habitant la Tunisie à la juridiction du patriarche des Indes, vicaire général des armées royales d'Espagne. Ce poste était alors occupé par le cardinal Antoine Sentmanat, qui avait la faculté de déléguer un prêtre pour le représenter, avec le titre de *parochus castrensis*, c'est-à-dire de curé des armées. Ce prélat, par un décret du 27 avril 1799. désigna le R. P. Gabriel de Santo-Colomo (?), administrateur de l'hôpital des Trinitaires, et ses successeurs en cette fonction, pour curés de la chapelle de l'hôpital et de celle du consulat, formant à elles deux la paroisse espagnole.

Du moment où la piraterie fut abattue par les souverains chrétiens, et où les Pères Trinitaires furent rentrés en leur pays, cette paroisse se trouva concentrée dans la petite chapelle du consulat, et le Père Benito y remplit les fonctions de curé jusqu'à sa mort, qui eut lieu le 11 août 1832.

Lorsque le consul d'Espagne, M. Ventura Buzaran. eut reçu copie de la bulle de Pie VI et du décret du Patriarche des Indes, il fit le dénombrement des fidèles qui devaient être détachés de la paroisse dirigée par les Capucins depuis près de cent soixante-treize ans. Il trouva vingt-quatre Espagnols habitant Tunis : quinze d'entre eux composaient sa famille et celle de son vice-consul et parent don Ignace Buzaran ; les autres étaient des Italiens employés au consulat, savoir, les familles Allegro, de Quinto, près de Gênes, et Serra, de Naples. Le consul envoya les noms de ces vingt-quatre personnes au Préfet des Capucins, en lui apprenant qu'elles n'étaient plus du nombre de ses ouailles, et que désormais elles relevaient du curé *castrensis* délégué par le grand aumônier des armées de Sa Majesté catholique.

Le Père Benito, avant de mourir, osa déléguer à son poste un prêtre espagnol qui avait un frère à Tunis et résidait auprès de lui. Il s'appelait don Juan

Val-Demoro ; il vint, après plusieurs années, habiter
avec nous, et il mourut entre nos bras, le 3 janvier
1852, à l'âge de quatre-vingt-quatre ans. Avec lui
finirent les curés *castrenses* ; du reste, il n'avait
jamais lui-même été reconnu comme tel par la cour
de Madrid, et cette circonstance l'avait obligé à
demander au Vicaire Apostolique de le recevoir dans
la maison de la mission ; tout autre moyen d'existence
lui faisait d'ailleurs défaut.

X

Du siège principal de la mission depuis l'an 1724.

Dans le courant de l'année 1724, le personnel du consulat de France dut être augmenté. Ou plutôt, les familles de nos négociants, pour se ménager une plus grande sécurité, obtinrent d'habiter dans le fondouc du consulat, sous la protection du pavillon national. Alors les missionnaires Capucins, qui depuis long-temps l'habitaient et desservaient sa chapelle, allèrent se loger dans le bagne de Sainte-Croix, attenant au même consulat, et occupé par les esclaves d'une nation que je n'ai pas pu déterminer, peut-être de la Corse ou d'un autre état d'Italie. Leur chapelle avait été bénite le 11 novembre 1662.

Toutefois, les cérémonies paroissiales continuèrent à être célébrées dans la chapelle consulaire, jusqu'en 1793. A cette époque malheureuse, le culte divin fut aboli.

Le bon M. Devoize était alors consul général, et le premier qui ait porté ce titre. Il fut rappelé par arrêté du Directoire exécutif en date du 23 nivose an IV (11 janvier 1796), pour répondre à plusieurs griefs, entre autres ceux d'aller à la messe et d'entre-tenir des relations d'amitiés avec le consul d'Angleterre. Il fut réintégré dans son poste après pleine et entière justification en 1797, et renommé en 1815. sans avoir cessé d'être assidu à la messe. Il fut toujours ami de la mission et des missionnaires, et digne représentant de la France très chrétienne et protectrice de la religion catholique.

Sortis, donc, du consulat, les Capucins demeurèrent avec les esclaves du bagne de Sainte-Croix jusqu'en l'an 1728, où l'augmentation croissante du nombre de ces malheureux les obligea de se retirer, faute de place. Ils passèrent dans le bagne de Saint Léonard, et y demeurèrent jusqu'en 1735, n'ayant ni habitation, ni local propice au service divin journalier (celui des dimanches et fêtes se faisait au consulat), ni moyens pécuniaires pour prendre une maison à loyer.

Ils sollicitèrent de la Propagande un secours à cet effet. La Sacrée Congrégation prit en considération cette demande, et, s'adressant à tous les princes, archevêques, évêques et supérieurs des ordres religieux, les pria de concourir à la construction, dans la ville de Tunis, d'une église et d'une habitation pour les Capucins employés au soulagement des esclaves chrétiens. Voici ce document :

« Vincent PETRA, du titre de Saint-Onofre, cardinal prêtre de la sainte Église Romaine, préfet de la Sacrée Congrégation de la Propagation de la Foi. Les Pères Capucins qui exercent la fonction apostolique de missionnaires dans la ville de Tunis, soumise à la cruelle puissance des Maures, ont exposé à cette Sacrée Congrégation de la Propagation de la Foi qu'ils n'ont ni habitation ni église où ils puissent

faire les offices divins et administrer les sacrements
aux fidèles de Jésus-Christ captifs. Pour cette cause.
ils l'ont suppliée avec instances de leur accorder des
lettres de recommandation, au moyen desquelles ils
puissent implorer les secours charitables des fidèles.
et pourvoir ensuite aux besoins de leur mission.
Reconnaissant la justice et l'honnêteté de leur
demande, ladite Sacrée Congrégation recommande
pleinement et de toutes ses forces le porteur des
présentes à tous et chacun des princes, archevêques.
évêques et supérieurs d'ordres, comme aussi à tous
les autres fidèles, les assurant que, quelque secours.
grâce et faveur qu'ils lui accordent, dans le désir de
contribuer à l'extension de notre sainte foi et
d'accroître le culte divin, ils peuvent fermement
espérer de recevoir des bienfaits tous les jours crois-
sants de la part de Dieu très bon et très grand, à la
plus grande gloire de qui tend cette œuvre excellente
et très louable.

« Donné à Rome, le 28 juillet 1736.

« Cardinal PETRA, *préfet.*

« Philippe de MONAGLI, *secrétaire.* »

Nos Pères étaient donc restés jusqu'en 1735 dans
le bagne de Saint-Léonard, avec les esclaves Sardes
si je ne me trompe. En attendant les résultats de la
recommandation faite en leur faveur par la Sacrée
Congrégation, ils habitèrent pendant un an le cap
Négro, laissant l'agence de la mission au R. P. Se-
rano, trinitaire, qui la gouverna pendant ce temps.
Ayant ensuite reçu quelques secours, ils revinrent à
Tunis, et prirent à loyer une maison placée au milieu

du quartier européen, où étaient les divers bagnes des esclaves chrétiens, à peu de distance du consulat de France. Cette maison appartenait d'abord à un Turc ; elle devint ensuite la propriété d'une des femmes du mufti de la grande mosquée. Elle avait une cour de huit à neuf mètres en longueur et en largeur, et se composait d'un rez-de-chaussée de cinq à six pièces : la plus grande fut abattue et reconstruite en forme de chapelle, ayant environ quinze mètres de longueur et six de largeur. Elle devint la paroisse des francs. Et comme dans cet espace étaient compris le sanctuaire et la sacristie, la place réservée aux fidèles se trouva bien réduite. Les autres pièces, très étroites suivant le système mauresque, servirent à la fois d'habitation aux missionnaires, de salles d'école, et de logement pour un certain nombre de prêtres et de religieux esclaves, à qui le gouvernement laissait la liberté de demeurer avec les Pères.

On payait, pour cette maison, un loyer annuel de mille piastres tunisiennes qui équivalaient à trois mille francs, et les réparations annuelles requéraient une somme à peu près égale : c'était beaucoup pour ce temps-là, surtout beaucoup pour de pauvres Capucins.

La Providence ne les abandonna point : ils purent demeurer là jusqu'en 1845. Mais, après la conquête d'Alger par l'armée française, la population chrétienne augmenta considérablement à Tunis, principalement par l'arrivée de nombreux Maltais et Siciliens. L'église et l'habitation devinrent alors insuffisantes. Les Pères eurent recours au consul général de France, M. Alexandre Deval ; il obtint du Bey l'ancien hôpital des Trinitaires, que nous habitons encore. En 1836, nous y avons construit l'église actuelle. On ne laissa pas de conserver la précédente habitation, au même prix de loyer, et, en 1846, Mgr Sutter l'acheta pour y placer les Frères des Écoles Chrétiennes. Ils y tiennent un pensionnat pour les enfants des familles aisées, et ils ont porté dans l'ancien consulat de Danemarck les classes gratuites que nous avions d'abord établies. Dernièrement, ils ont placé leur chapelle dans la salle qui, pendant près d'un siècle, avait servi de paroisse pour les francs.

XI

Le bey Aly-Pacha s'empare de l'île de Tabarca. habitée par
des chrétiens gênois (1742), et réduit tous ces infortunés en
esclavage. Le Préfet apostolique ruine la mission pour leur
venir en aide.

En 1540, les Gênois, dans leurs courses, captu-
rèrent sur les côtes de la Corse un des plus fameux
corsaires tunisiens nommé Dragut. Le gouvernement
beylical fit tous ses efforts pour racheter son homme ;
mais les Gênois répugnaient fort à se dessaisir d'une
si belle proie. L'affaire s'arrangea par l'entremise
d'un noble gênois de la famille Lomellini, qui, pour
prix de son intervention, reçut en toute propriété
la petite île de Tabarca. En 1742, elle était peuplée
par une colonie de cette nation, venue là pour la
pêche du corail, qui est très abondant, et nous avons
vu nos Capucins y fonder un établissement en 1636.

Dans le courant de 1741, la Compagnie royale
d'Afrique, qui ne voyait pas sans envie la prospérité
de l'établissement tabarquin, placé si près de son
comptoir du cap Négro, ouvrit des négociations avec
la maison Lomellini, dans le dessein d'unir cet établissement aux deux autres qu'elle possédait.

Ali-Pacha en eut connaissance, et résolut d'enlever

à ses faibles défenseurs l'ile de Tabarca, pour qu'elle
ne pût point tomber entre des mains françaises. Il
arma huit galiotes pour l'entourer, et y fit débar-
quer une forte colonne de troupes. L'île fut prise, les
fortifications furent démolies, l'église et les habitations ruinées, et, tandis qu'une forte garnison était
laissée, tous les Tabarquins qui n'avaient pas eu le
temps de s'enfuir sur leurs barques de pêche, étaient
trainés en esclavage, à Tunis. Ceux qui s'étaient
échappés se réfugièrent d'abord à la Calle, puis de
là dans l'île, alors ouverte, de Saint-Pierre, près
des côtes de Sardaigne, où ils formèrent un établissement. Soixante ans après, vers 1802, leurs descendants y furent pris par les pirates tunisiens, et
conduits en esclavage.

Les malheureuses victimes de la première prise
étaient au nombre de huit cent quarante-deux, si l'on
en croit une lettre du Père Charles-Félix d'Affori.
plus tard préfet apostolique. Il dit que son prédécesseur, Père Antonin de Novellara, vit arriver ces
pauvres captifs presque nus pour la plupart, sans
argent, sans provisions, et les bagnes étaient déjà
tout remplis. Touché de pitié, le bon Préfet mit en
gage l'argenterie, les ornements, les chandeliers de
l'église, et jusqu'à la relique de la vraie croix, ren-
fermée dans un reliquaire de cristal orné d'argent.
Afin de pouvoir alimenter, vêtir et abriter tant de
malheureux, il compromit encore les dépôts d'argent
que les esclaves lui avaient confiés.

Irrités de la perte de leurs petites épargnes, les
esclaves se révoltèrent contre lui, et sa vie courut
même quelques dangers. Leurs réclamations par-
vinrent à Rome. et la Sacrée Congrégation jugea

sage de lui retirer la préfecture et de la confier au Père Charles-Félix d'Affori. En même temps, celui-ci reçut pour instructions de contracter un emprunt de quelques milliers de piastres, qui, jointes à d'autres aumônes, calmeraient les esclaves.

Il fit ce qui lui était ordonné, et, en rendant compte à la Sacrée Congrégation, il disait : « Et maintenant je me trouve dans une telle misère, que je ne sais comment nourrir mes religieux sans contracter de nouvelles dettes. » Il ajoutait, au sujet de son prédécesseur : « Si je le fais partir actuellement, avant d'avoir payé toutes ses dettes, les esclaves le poursuivront pour le faire enchaîner, comme plusieurs fois ils l'en ont menacé, et comme ils l'auraient fait si quelques ministres de cette cour ne nous eussent été favorables, venant à notre aide et prenant notre défense. »

Le 3 avril 1751, le Procureur général des Capucins, sur l'ordre du secrétaire de la Sacrée Congrégation, fit défense aux Pères Préfets de recevoir à l'avenir, dans la maison de la mission, des esclaves prêtres ou religieux, à quelqu'ordre qu'ils appartinssent. A cette époque, toutes les dettes n'étaient pas encore éteintes, car nous conservons un reçu du consul de Hollande, chez qui la relique de la vraie croix avait été déposée. Ce reçu, daté du 4 décembre 1753, constate le dernier versement qui éteint les dettes contractées chez ce personnage par les Pères Antonin de Novellara et Charles-Félix d'Affori. Il est signé : « Guillaume PLOWMAN. »

De nos jours existent encore à Tunis des descendants des anciens habitants gênois de Tabarca. Ils portent le nom générique de Tabarquins, et parlent le patois de leur premier lieu d'origine. Parmi eux on distingue plusieurs familles respectables par leurs vertus chrétiennes, leur honnêteté commerciale et les preuves d'attachement et de dévouement qu'elles donnent depuis plus d'un siècle à la mission et aux missionnaires. Quelques-unes ont cessé de porter la qualité de Tabarquins, et même celle de Gênois, en devenant sujettes de l'Autriche ou de la France, à la suite de services qui leur ont mérité la protection des gouvernements de ces pays.

Un chef de la maison Bogo remplit longtemps l'emploi de chancelier-interprète dans l'ancien consulat général d'Autriche. Le chef actuel, M. le général chevalier Antoine Bogo, grand'croix de l'ordre du Nichan, officier de la Légion-d'Honneur et de plusieurs autres ordres, est haut placé dans la cour du Bey. Cet homme respectable jouit de la plus grande considération auprès des indigènes et des Européens établis à Tunis. Sa digne épouse est issue de la famille Gandolfo, qui obtint la protection française sous le premier empire, et changea dès lors son nom en celui de Gandolphe. Un membre de cette maison a longtemps dans sa jeunesse servi la France en qualité de secrétaire du consulat. C'est M. Pascal Gandolphe, aujourd'hui négociant recommandable, bon chrétien et excellent père d'une aimable et nombreuse famille, dont le dévoûment, à l'occasion, ne fait jamais défaut à notre mission.

XII

Désastre survenu à la mission en 1752, par suite de la révolte
de Sidi-Younes contre son père Ali-Pacha-Bey. Expédition
malheureuse de M. le lieutenant de vaisseau de Saurins.
Traité du bey avec M. de Villarzel.

A peine nos missionnaires avaient-ils éteint les
dettes contractées par les Pères Antonin et Charles-
Félix. qu'un nouveau désastre vint fondre sur eux
et sur tous les chrétiens, francs et esclaves. Voici
quelle en fut la cause :

En avril 1752, Sidi-Younes, fils aîné d'Ali-Pacha-
Bey, se révolta contre son père. Il sortit secrètement du Bardo avec ses gardes-turques et quelques
captifs chrétiens attachés à son service ; il emportait
ses armes, ses effets les plus précieux et beaucoup
d'argent. Il vint à Tunis, qui lui ouvrit ses portes,
et il fit appel au dévoûment de la garnison; elle lui
baisa la main, et il se proclama Bey. Aussitôt il
donna l'ordre de fermer les portes de la ville, manda
le divan, tous les grands de la ville et tous les Turcs.
Après qu'il leur eut exposé les raisons qui le déter-
minaient à cette conduite vis-à-vis de son père, ils
le reconnurent pour Bey, et son élévation sur le

trône fut annoncée par trois coups de canon de
la Casba.

Ali-Pacha, informé de l'entreprise de Sidi-Younes,
réunit à la hâte tous les soldats qu'il put trouver,
mit à leur tête ses deux autres fils, Mohammed et
Sidi-Soliman, et les chargea de s'assurer de tous
les châteaux du dehors, puis de pénétrer dans la
ville.

On se batut pendant plus de deux mois. Ali-Pacha
redevint maître de la capitale, et Sidi-Younes, voyant
ses affaires désespérées, ramassa tout ce qu'il avait
de plus précieux, puis, à la faveur de la nuit, sortit
du château par une porte secrète avec les principaux
turcs qui l'avaient suivi dans sa révolte. Il prit la
route de Constantine, où il trouva un asile.

Pour récompenser ses troupes, Ali-Pacha leur
permit le pillage des maisons des chrétiens et des
juifs. Alors la désolation fut extrême dans la ville.
La populace se joignit aux soldats, enfonça les
portes, pilla, vola, saccagea, portant sa fureur jusque
sur les pauvres esclaves chrétiens. Malgré la protection française, notre mission fut pillée, l'église
mise à vide, les ornements enlevés ou déchirés.

Ces troubles durèrent cinq jours consécutifs, et,
chose remarquable, au milieu de tant de fureurs, il
n'y eut pas d'autre massacre que celui d'un juif. Les
maisons du consul et des négociants français eurent
d'intrépides défenseurs dans les fils d'un renégat
corse, qui en étaient les drogmans. Ils réunirent
quelques-uns de leurs amis, au moyen desquels ils
purent faire rester la populace à l'écart.

Ces scènes d'horreur une fois terminées, Ali-Pacha
fit tous ses efforts pour rétablir la tranquillité publi-

que, faire reprendre au commerce son cours ordinaire, et encourager l'agriculture.

Je ne dois point omettre de rappeler que, vers le
commencement de cette même année 1752, nos
troupes françaises éprouvèrent une petite défaite sur
l'île de Tabarca. Elles avaient à leur tête M. de
Saurins, lieutenant de vaisseau, qui commandait une
barque de guerre destinée à garder la côte depuis
Bône jusqu'au cap Zébib, pour protéger nos deux
établissements. Ce brave officier, aidé par une autre
barque et deux brigantins, tenta de surprendre la
petite garnison turque de Tabarca, que les Tunisiens
venaient de prendre aux Gênois : son but était de
s'emparer de l'île, pour l'unir à nos deux établissements de la Calle et du cap Négro. Malheureusement, il fut trahi par un indigène, qui eut connaissance de son dessein. Prévenue par ce traître, la
garnison put surprendre la petite troupe qui débar-
quait dans le silence de la nuit, et la défit. Une partie
de ses hommes furent tués; d'autres, gravement
blessés, et parmi eux M. de Saurins, furent enfermés
à Tunis comme prisonniers de guerre. Le gouvernement français pourvut à leur libération.

Ces deux événements malheureux, la révolte de
Sidi-Younes et la défaite des Français à Tabarca,
obligèrent la France à montrer son pavillon dans les
eaux de Tunis. Dans le mois d'août, une escadre de
six vaisseaux, sous les ordres de M. le chevalier de
Villarzel, vint mouiller dans les eaux de la Goulette.
Ali-Pacha témoigna le désir de recevoir cet officier
dans son palais du Bardo, et il l'obtint par l'intermédiaire du consul : il importait pour lui d'être
d'accord avec la France, afin que sa souveraineté se

trouvât plus en sécurité contre les prétentions de
son fils Younes. L'amiral descendit à terre avec
presque tous ses officiers, afin de rendre cette audience plus solennelle. Elle réussit à assurer une
tranquillité qui, malheureusement, ne dura pas plus
de quatre ans.

XIII

Nouveau désastre de la mission par l'effet de la victoire
des Algériens sur les Tunisiens en 1756.

En 1756, le dey d'Alger et le bey de Constantine
se mirent en campagne contre Ali-Pacha et son fils
Mohammed-Bey. Ceux-ci furent mis en déroute dans
un combat, et obligés de se replier sur Tunis. Les
Algériens eurent encore l'avantage dans plusieurs
autres engagements. Enfin, au mois d'août, ils em-
portèrent de vive force la place de Tunis. Ali-Pacha
et Mohammed-Bey eurent la tête tranchée. La succession à leur trône fut dévolue à un autre Mohammed-Bey, fils aîné de Hassan-ben-Ali.

Toutefois, lors de l'entrée des Algériens, les
troupes turques au service de Tunis se réunirent sur
la place de la Casba, s'emparèrent de la forteresse,
élurent un chef choisi dans leurs rangs, et installèrent
un gouvernement révolutionnaire, qui pendant plusieurs semaines pesa tyranniquement sur la malheureuse population tunisienne, et principalement sur
les chrétiens. Un document contemporain, conservé
dans les archives du consulat et dans celles de la
mission, donne l'idée du désordre et du pillage
auxquels se livrèrent les Turcs et les Algériens.

Avant même que ces derniers fussent arrivés devant Tunis, les Français et les autres étrangers, alarmés des évènements qui se préparaient, avaient obtenu de l'autorité locale une garde destinée à protéger et faire respecter les fondoucs où ils étaient logés. Cette précaution ne servit à rien.

La ville se rendit le 31 août. Deux jours après, des bandes indisciplinées de Turcs se répandirent dans les rues, et pillèrent toutes les habitations, malgré l'ordre qu'elles avaient de respecter les hôtels consulaires, la maison des missionnaires et les demeures des négociants.

Le Père Alexandre de Bologne, préfet, eut soin de renfermer dans une caisse à double serrure toute l'argenterie de l'église catholique et des chapelles des bagnes. Pour plus de sûreté, il la fit déposer, au fondouc du consulat de France, dans l'habitation de M. Jean-Baptiste Giraud, négociant français, député de la nation.

Cette précaution fut encore inutile. Une bande d'Algériens et de Turcs se présenta devant la porte du fondouc. A son approche, on l'avait précipitamment fermée. Ces furieux en réclamèrent impérieusement l'ouverture. Sur le refus qui leur fut opposé, ils se ruèrent, la hache à la main, contre cet obstacle. Tandis qu'ils s'efforçaient de le détruire, M. de Grou de Sulauze, consul général, réunit à la hâte tous ses nationaux, et s'enfuit avec eu. Ils franchirent les terrasses, et allèrent se cacher dans une campagne, à la Asiana, à une lieue environ à l'est de Tunis. Les divers logements du fondouc, les dépôts de marchandises précieuses, la caisse d'argenterie des églises et des chapelles, l'hôtel du consul et particulièrement la chancellerie, furent volés, ravagés et pillés. L'église paroissiale, celle de notre hospice, les chapelles des bagnes, l'hôpital des Trinitaires eurent le même sort; les registres de la paroisse et les intéressantes archives de la mission furent presque totalement anéantis. Les religieux s'étaient sauvés avec les autres Européens. On voit encore les traces des balles sur le tableau de Saint-Louis qui était dans la chapelle du consulat, et qui aujourd'hui, précieuse relique, noirci et délabré, est déposé à la mission, dans l'atelier de notre bon ami M. Moynier, peintre parisien, qui s'est chargé de le restaurer, tandis que M. Pascal Gandolphe lui procure un beau cadre doré, en sorte qu'on le puisse réintégrer honorablement à son ancienne place.

Dix jours après ces lamentables évènements, pour la décharge du Père Préfet, M. le Consul eut la bonté de dresser ce procès-verbal :

« Cejourd'hui 12 septembre 1756, nous Jean-Baptiste-Joseph du Grou de Sulauze, écuyer et conseiller du Roy, consul de France en cette ville et royaume de Tunis, sçavoir faisons qu'après être rentré au fondouc qui sert d'habitation à nous et à toute notre nation, duquel nous étions sortis précipitamment le deux du courant mois, à sept heures du matin, pour éviter de tomber entre les mains des troupes Algériennes, qui, ayant ce même jour pris la ville d'assaut, avaient déjà commencé de la saccager, de piller, d'assassiner, et d'attaquer même les portes de notre fondouc, qu'on abattait à coup de haches; nous nous serions, à la réquisition du R. P. Alexandre de Bologne, préfet, pro-vicaire apostolique de la

mission en cette vi" e et royaume, transporté avec
notre député et n... ; chancelier à l'appartement que
le sieur Jean-Baptiste Giraud occupe dans notre dit
fondouc, où nous aurions trouvé enfoncée, brisée et
entièrement pillée, une caisse à deux serrures qui
contenait toute l'argenterie de l'hospice et des chapelles de Sainte-Croix et de Saint-Léonard, qu'on
avait fait porter quelque temps avant le saccagement
du fondouc. En foy de quoy nous avons dressé le
présent procès-verbal, dont nous avons concédé acte
au susdit préfet, tant pour sa décharge que pour lui
servir à valoir en ce que de raison, et nous nous
sommes soussigné, avec ledit Père Préfet, le député
et le chancelier.

» SULAUZE, *consul.* »

Le peu qui subsista des archives de la mission a
été collationné par moi en 1844, et j'en ai extrait
des notes soigneusement consignées dans des registres : c'est une des sources où je puise les éléments
des présents Mémoires.

Depuis cette malheureuse affaire algérienne, il ne
paraît pas que de semblables désastres soient sur-
venus. Peu s'en est fallu, cependant, qu'en 1864 nous
n'eussions à subir un orage aussi redoutable, par
suite de la révolte de plusieurs tribus arabes contre
le gouvernement actuel. Sous l'impression de cette
menace, presque toutes les populations chrétiennes
et juives de la capitale et de la côte du sud émigrèrent,
de manière que pendant plusieurs mois les rues et les
églises restèrent presque désertes. Heureusement,
aucun malheur ne justifia ces alarmes, grâce à la
vigilance du gouvernement de Mohammed-es-Sadock-

Bey et des consuls européens. Dès le commencement, ceux-ci avertirent leurs gouvernements respectifs, dont les escadres parurent bientôt dans les eaux de la Goulette et sur les côtes, pour surveiller les rebelles. Elles y restèrent cinq mois, et ne repartirent que le 23 septembre, en laissant en rade deux bâtiments de chaque nation, qui s'y trouvent encore aujourd'hui (février 1865).

XIV

Règne d'Ali-Bey et guerre entre la régence et la France
(1758-1770).

A la mort de Mohammed-Bey, son frère Ali-Bey
prit les rênes du gouvernement, et les conserva jusqu'en 1782. C'était un homme de sentiments élevés
et d'un caractère droit, bon militaire et bon administrateur, de manière que les missionnaires et les
chrétiens jouirent d'une période de tranquillité relative ; car une tranquillité absolue n'était pas possible
en ces temps de piraterie, d'esclavage et de fanatisme
musulman.

Survint, cependant, une rupture avec la France.
Écoutons ici M. Alphonse Rousseau *(Annales Tunisiennes)* :

« Depuis son avènement au trône, Ali-Bey vivait
dans les meilleurs termes avec les puissances européennes. Cette prudence et cette modération devaient
l'abandonner tout à coup. Cédant aux tristes sugges-
tions de ses conseillers, il ne craignit pas de se
mettre sur les bras une guerre avec la France, la
plus puissante et la plus fidèle alliée de la régence
tunisienne. »

M. Rousseau rapporte ensuite, d'après un historien

tunisien, les motifs de cette guerre. Voici quels ils furent :

1º L'île de Corse ayant été cédée à la France par les Génois en 1768, le gouvernement tunisien refusa de cesser ses œuvres de piraterie dans cette île.

2º Le bey voulut interdire à la France le droit de pêcher le corail, qui nous appartenait en vertu de précédents traités.

Enfin, d'autres motifs, relatifs à la navigation et au commerce, étaient de nature à déterminer le gouvernement de notre pays à employer la force de ses armes contre celui de la régence.

Dans les premiers jours de l'année 1770, M. Barthélemy de Saizieu, consul de France, obtint du bey une maison de campagne à la Maria, près des ruines de Carthage, sous prétexte de sa santé. Peu de jours après, arrivèrent trois gros navires de guerre français, qui jetèrent l'ancre à la Goulette. On apprit bientôt qu'une chaloupe s'en était détachée pendant la nuit, et avait enlevé le consul. Ce fut le signal de la rupture.

Les négociants français de Tunis se hâtèrent de chercher refuge sur les bâtiments de leur nation. Les missionnaires, au milieu de leurs esclaves, et les autres chrétiens, se trouvèrent dans la situation la plus périlleuse. Ils se sentirent cependant quelque peu encouragés, lorsque, au mois de juin, ils virent une seconde escadre française, composée de seize navires de guerre, mouiller à la Goulette.

Porto-Farina et Biserte furent bombardées. Il n'en fallut pas davantage pour contraindre le bey à une paix dont les principales conditions furent les suivantes :

1º L'île de Corse jouira à l'avenir des avantages accordés à la France par les traités conclus avec cette puissance.

2º Les esclaves Corses seront rendus.

3º Le privilège de la pêche du corail et quelques autres continueront d'appartenir à la France.

Cela fait, l'escadre cingla vers nos ports, et les missionnaires et les chrétiens jouirent de quelque tranquillité, malgré les guerres incessantes qui avaient lieu entre la régence et les deys d'Alger et de Constantine.

XV

Misère profonde où sont réduits les missionnaires
à la suite des événements précédents.

Ces révolutions, guerres et saccagements avaient
toujours de funestes conséquences pour la population
indigène et pour les Européens, tant libres que captifs, qui restaient appauvris et sans commerce. Les
missionnaires, en particulier, se retrouvaient presque
toujours dans la misère, n'ayant d'autres ressources
que le subside de cent écus romains envoyé chaque
année par la Propagande, et les six cents francs
alloués pour le service de la chapelle du consulat.
C'était loin de suffire pour les cinq ou six missionnaires
de Tunis, pour ceux de Biserte et de Porto-Farina, et
pour les prêtres et religieux esclaves. Quatre de nos
Pères Capucins avaient été capturés dans le courant
de l'année 1764 sur les côtes d'Italie. (Le Procureur
Général de l'ordre, dans une lettre du 4 mai 1765,
les recommanda au Père Préfet de Tunis, priant
que l'on fit toutes les économies possibles, afin
d'arriver à les racheter). D'autre part, les revenus
de l'église étaient fort modiques, vu le petit nombre
des chrétiens francs, et l'aumône de la messe était
fixée à un réal, qui, en ce temps-là, équivalait à

trois ou quatre sous. Les Pères Préfets se trouvaient donc souvent embarrassés pour nourrir les missionnaires et faire les frais les plus indispensables du culte.

Le Père Gaétan de Livigno, nouvellement arrivé, se voyant dans cette fâcheuse position, requit des supérieurs généraux de l'Ordre l'autorisation de faire la quête dans Tunis. Le Père Procureur Général lui répondit en leur nom, le 14 juin 1764 : - Le Préfet de la mission de Tunis est tenu de pourvoir aux véritables nécessités des missionnaires ses sujets, et il lui appartient d'en juger suivant la diversité des circonstances, au fur et à mesure qu'elles se présentent, sans s'écarter de la Règle séraphique, et sans manquer à la charité fraternelle, qui doit toujours être unie à la pauvreté. »

En même temps, le cardinal Castelli, préfet de la Propagande, connaissant l'état déplorable de cette mission, encouragea le Préfet apostolique par une lettre du 22 décembre 1764, et lui annonça qu'l venait de donner à Monseigneur l'Inquisiteur de Malte l'ordre de faire parvenir à ses mains la somme de cent écus romains pour les besoins de la mission et pour l'extinction d'un reliquat de dette dont elle restait chargée.

XVI

Publication du Concile de Trente dans l'Algérie et la Tunisie
en 1768.

Le décret du Concile de Trente au sujet des mariages clandestins n'était pas encore publié en Barbarie. Il s'ensuivait que beaucoup de ces mariages
avaient lieu parmi les esclaves, et même parmi les
francs. Le Préfet apostolique en avertit la Sacrée
Congrégation de la Propagande. Celle-ci répondit
par ce décret :

« La Sacrée Congrégation a été d'avis que, si
cela plait à Notre Très Saint Seigneur, le décret du
saint Concile de Trente sur la clandestinité du mariage doit être publié en chaque paroisse de Tunisie
et d'Algérie, dans la forme prescrite par ledit décret,
et que procès-verbal de ladite publication lui en doit
être envoyé. Cet avis de la Sacrée Congrégation
ayant été rapporté à Notre Très Saint Seigneur
Clément XIII par le Révérend Père Mgr Marius
Marefusco, secrétaire, dans l'audience qu'il a eue le
25 septembre 1768, Sa Sainteté, daignant l'approuver et le confirmer, a ordonné que la publication
dudit décret fût faite dans les susdites paroisses.

« Donné à Rome, dans le palais de la Sacrée Congrégation, le vingt-sixième jour du mois susdit et de
la susdite année.

« Joseph-Marie cardinal CASTELLI, *préfet.*

« Marius MAREFUSCO, *secrétaire.* »

Après cette publication, les mariages clandestins
cessèrent en Algérie et en Tunisie.

XVII

Établissement du service religieux à La Goulette.

En l'an 1769, le gouvernement tunisien transporta son arsenal maritime de Porto-Farina à La Goulette. La Sacrée Congrégation eut avis que les chrétiens qui arrivaient continuellement dans ce port sur les navires marchands, restaient privés de secours religieux. Elle fit donner par son préfet, le cardinal Castelli, le 12 août de la même année, l'ordre au préfet apostolique de la mission d'y fonder une chapelle pour célébrer la messe tous les dimanches, entendre les confessions, faire les instructions et le catéchisme.

La préfecture était alors aux mains du Père Santi de Lizzano. Il exécuta ce qui lui était commandé. La chapelle subsista jusqu'à la révolution française, qui anéantit à peu près notre ordre en France et en Italie, et par suite tarit en grande partie la source d'où nos missions tiraient leurs ouvriers apostoliques.

Cette chapelle fut rétablie en 1836. La mission avait alors à sa tête le Père Joseph-Ange de Pianella, visiteur apostolique. Il put, pour un prix raisonnable, acheter un local sur lequel on éleva le petit édifice sacré, qui fut ouvert au culte en 1838.

Dix ans plus tard, Monseigneur Sutter, vicaire apostolique, reconnut que cette étroite enceinte était devenue tout à fait trop insuffisante pour la population de La Goulette et les matelots des navires marchands. Par l'entremise du consul de France et de notre ami dévoué M. Joseph Raffo, ministre de Son Altesse, il fit demander au bon Ahmed-Bey un terrain capable de contenir une église et la maison des missionnaires. L'excellent prince donna aussitôt des ordres conformes, et adressa ce message au consul de France :

« De la part de l'esclave de son Dieu (qu'il soit glorifié !), le muchir Ahmed-Bey-Pacha, possesseur du royaume de Tunis, à notre allié le chevalier Charles de Lagau, consul général et chargé d'affaires de France à Tunis. Nous faisons passer par vos mains l'*aurera* ci-joint, adressé au ministre de la marine, notre fils Mahmoud, kahio de la Goulette. Nous lui ordonnons de déterminer l'étendue de l'emplacement de l'église chrétienne, pour laquelle nous lui avions précédemment envoyé un premier *aurera*. Il lui est prescrit de fixer les limites actuelles des quatre côtés de cette église. Vous lui ferez remettre cet *aurera* par la personne que vous jugerez à propos de désigner pour procéder en votre nom à cette délimitation (Janvier 1848). »

Peu de jours après, les limites furent fixées en présence du consul de France, de Mgr l'Évêque, de son secrétaire général et du ministre de la marine, Sidi-Mahmoud, kahio de ladite Goulette.

Le 19 mars suivant, Mgr Sutter, accompagné de

son même secrétaire général, auteur des présents
Mémoires, du chevalier Charles de Lagau, consul, et
du chevalier Joseph Gaspary, vice-consul, se porta
à La Goulette pour la bénédiction de la première
pierre de l'église, que Sa Grandeur prétendait dédier
à saint Fidèle de Sigmaringen, capucin, premier
martyr de la Propagande. Aussitôt on commença la
construction, non seulement de l'église, mais d'une
maison assez vaste pour loger les missionnaires et
recevoir, à l'occasion, les religieux ou les prêtres
qui pourraient arriver dans ce port. Faute de fonds,
l'église ne fut d'abord édifiée qu'en partie. On put
cependant y faire bientôt le service divin, et c'est seulement aujourd'hui qu'il a été possible de reprendre
la construction et de la conduire à sa fin (1865).

Malheureusement, il nous manque encore le cimetière. Cette ville de La Goulette n'a jamais pu en
avoir un convenable pour les catholiques. Depuis
plus d'un siècle, ils y possèdent un petit morceau de
terrain où aucune clôture ne peut être faite du côté
du nord, qui est sur le rivage du lac. De la sorte,
pendant l'hiver et dans les temps de pluie, ce terrain
est presque entouré d'eau. Aucun signe de christia-
nisme n'indique que là reposent des enfants de
l'Église. De plus, ce lieu est exposé aux profanations
des indigènes. Les animaux même les plus immondes
y vont paître, et très souvent les chiens, attirés par
l'odeur des cadavres nouvellement enterrés, y font
des fouilles. C'est aussi le réceptacle des ordures de
la ville. Jamais nos escadres françaises n'ont voulu
enterrer leurs morts dans ce lieu infect; nos marins
vont les inhumer de préférence sur la colline de
Saint-Louis, à Carthage, et ils ont bien raison.

Plusieurs fois la mission et, dernièrement encore, Mgr Sutter ont demandé un autre local, hors la porte du Sud. Ç'a été jusqu'à présent sans résultat.

J'ai peine à m'abstenir de dire ici mon sentiment. La faute doit être attribuée, au moins en partie, aux habitants. En général, il n'y a ici que des familles catholiques fort respectables, même très anciennes dans le pays. La plupart sont employées au service du gouvernement dans les administrations de la marine, de l'arsenal ou des douanes. Ces bonnes gens, au lieu de se créer quelques fonds pour acquérir un cimetière convenable, se contentent, par un esprit d'économie mal entendu, de faire transporter leurs morts au cimetière de Tunis, situé à près de douze milles. Cela cause des dépenses extraordinaires de voiture, ou de bateau si le transport se fait par le lac; de plus, les personnes qui accompagnent les morts doivent être, ce jour-là, payées pour la plupart et nourries à Tunis. Si l'on avait recueilli tout ce qui s'est trouvé d'excessif dans les dépenses ainsi faites pendant plusieurs années, on aurait eu un capital suffisant pour se procurer un cimetière moins luxueux et moins étendu, bien certainement, que celui du Père-Lachaise, mais égal au quart de celui du Mont-Parnasse. La mission ayant fait les sacrifices les plus considérables pour terminer la construction de leur église, nos catholiques auraient dû imiter son zèle en se pourvoyant d'un lieu décent pour leur dernière demeure.

XVIII

Cimetière des esclaves chrétiens à Tunis.

Depuis plus d'un siècle, les esclaves chrétiens avaient obtenu du gouvernement tunisien un terrain peu distant de la ville, hors la porte de la marine, pour leur servir de cimetière. A leurs frais ils l'entourèrent d'une muraille pour le préserver des profanations, et y construisirent une petite chapelle. Celle-ci devint insuffisante pour les cérémonies mortuaires ; ils jugèrent à propos de la rebâtir dans des proportions plus amples. Le 6 octobre 1773, le Révérend Père Sébastien de Cortone, préfet apostolique, bénit la première pierre en présence des députés de la nation française, de ceux de l'église, et d'un grand nombre de fidèles, francs et esclaves. Il désigna saint Antoine, abbé, et sainte Marguerite de Cortone pour patrons du futur édifice ; un diplôme en parchemin commémoratif de cette cérémonie fut enfermé dans la pierre.

La chapelle et les murailles coûtèrent trois mille quatre cent soixante et une piastres tunisiennes. La nation française y concourut pour mille piastres ; un négociant, M. Suétone, fit don de mille autres piastres ; la mission en ajouta quatre cent trente et une ;

un capitaine cinquante-huit ; les chrétiens francs sept cent vingt-huit, et le reste fut prêté par M. Bouillet, député de l'église. Cette somme, de trois mille quatre cent soixante et une piastres, équivalait en ce temps à dix mille trois cent quatre-vingt-trois francs.

Mais depuis bien longtemps il existait, sur la propriété, ou *droit de patronage* de cette chapelle et de ce cimetière, une contestation entre la mission et les esclaves, principalement Corses. Ceux-ci prétendaient que, la place leur ayant été donnée par les beys environ depuis l'an 1660, ni la mission ni les chrétiens francs n'avaient le droit d'y faire des réparations sans leur permission. Ils prétendaient garder chez eux les clefs du cimetière et de la chapelle, et obliger les missionnaires à les leur demander chaque fois qu'ils avaient à célébrer un enterrement.

La mission leur opposait que, le cimetière étant une chose ecclésiastique et sacrée, elle en devait avoir le patronage, avec la liberté d'ordonner les réparations et de détenir les clefs.

Les Corses, ne voulant pas admettre ce droit, portèrent l'affaire à la Sacrée-Congrégation, qui résolut le litige par ce décret :

« Décret de la Sacrée Congrégation de la Propagande, en sa séance du 21 avril 1777. Il a été rapporté qu'un litige a surgi entre le Préfet apostolique de la mission de Tunis et plusieurs Corses captifs en cette ville, au sujet de la juridiction sur une église ou chapelle et sur le cimetière de Saint-Antoine, situés hors des murs de ladite ville, et que diverses contestations et dissentiments s'en sont suivis, non sans graves conséquences de trouble. Sur le rapport de l'Éminentissime et Révérendissime cardinal Panfili, ponent, les Éminentissimes Pères, ayant comme il se devait pesé les raisons de part et d'autre, ont décidé que les esclaves Corses sont soumis pour tout à la juridiction des Pères Préfets apostoliques successifs, et que la garde des clefs de la susdite église et du susdit cimetière appartient aux Pères de l'Ordre des Mineurs Capucins de Saint-François qui habitent dans la même mission, ainsi que déjà cela avait été décrété par la Sacrée Congrégation.

" Donné à Rome, au palais de la Sacrée Congrégation, le 21 avril 1777.

" Joseph cardinal PANFILI. "

Ce décret causa une vive irritation chez ces malheureux esclaves. Ils ne voulurent pas s'y soumettre, et réclamèrent la protection d'Ali-Bey. Ce prince ordonna que les clefs du cimetière et de la chapelle fussent immédiatement remises aux mains des captifs par les missionnaires.

La nouvelle en étant parvenue à Rome, le décret du 21 avril fut confirmé, et la Propagande, pour appuyer le droit de la mission contre les esclaves, pria la cour de France d'intervenir. Le Vicaire apostolique d'Alger leur adressa une longue lettre, où, entre autres choses, il leur disait :

" Où voulez-vous en venir, très aimés frères, par votre recours au Bey, sinon à rendre impossible l'exécution d'un décret auquel vous êtes tenus en conscience d'obéir? Qu'avez-vous gagné, en obtenant du prince qu'il ordonne aux missionnaires de vous remettre les clefs, sinon un opprobre pour l'autorité pontificale? Un mahométan a réformé la sentence du Père commun des chrétiens. Vous avez honteusement préféré la volonté d'un ennemi de la loi de Jésus-Christ à la réponse définitive du Vicaire de Jésus-Christ! »

Il leur faisait ensuite observer que, par leur recours à un prince musulman dans le but d'empêcher l'exécution d'un décret de la cour de Rome, ils avaient encouru l'excommunication majeure portée par la bulle *In Cœna Domini.*

Cette longue et malheureuse question fut résolue par une convention signée des deux parties le 26 mai 1778. Le Père Préfet en donna connaissance à Rome. Le cardinal Castelli, préfet de la Propagande, témoigna en être satisfait, et écrivit au Préfet en date du 26 juin suivant :

« Je vois combien vous avez dû souffrir de l'entêtement des esclaves au sujet du patronage de Saint-Antoine. La Sacrée Congrégation a de justes motifs de louer le zèle que vous avez déployé en cette circonstance, ainsi que la sagesse et la prudence avec lesquelles vous vous êtes conduit. Ce n'est pas un médiocre résultat que celui de vous être remis en paix avec les esclaves. »

Par la suite, ce cimetière devint insuffisant pour la population catholique. Dans le cours de l'année 1850, on l'agrandit en y joignant un terrain accordé gratuitement par Son Altesse le Bey. A cet effet, le prince donna dans les premiers jours de décembre un *aurera* adressé à l'évêque. Ce document mérite d'être reproduit ici :

« Louange à Dieu ! Notre écrit est entre les mains de la personne vénérée, l'Évêque, le religieux, l'un des grands : il est adressé à Son Excellence l'Évêque de la religion chrétienne. — Nous avons acheté ces terres de nos deniers, et nous les avons destinées à servir de sépulture aux morts Européens : les religions prescrivent la générosité et la bienveillance envers les hôtes. Ce jour, donc, nous avons abandonné nos droits sur ces terres, qui deviennent *Itabhes* du cimetière européen : Son Excellence en a pris possession pour cet usage. Que Dieu soit propice à tous ses serviteurs ! Que celui aux mains duquel parviendra notre écrit ait à s'y conformer.... »

XIX.

Martyre de Sinforosa Timone.

Entre 1775 et 1783, eut lieu un fait édifiant, rapporté dans une longue lettre, que nous conservons parmi les papiers relatifs à l'esclavage.

On sait que très souvent les pirates barbaresques faisaient des courses sur les côtes d'Italie, enlevaient des familles entières, et les transportaient en Barbarie, pour les vendre au profit du gouvernement : c'était là un des principaux revenus des princes.

Les jeunes filles de ces familles infortunées étaient souvent réservées pour les harems des beys. Dès qu'on les y avait enfermées, toute communication avec le dehors leur était impossible. Par suite de ce dur esclavage, beaucoup de ces malheureuses étaient amenées à renoncer à leur foi, soit qu'on les y contraignît par la force, soit qu'elles se laissassent prendre à l'espoir de devenir princesse ou d'acquérir quelque titre à la cour.

De ce nombre furent plusieurs jeunes Tabarquines, entre autres Sophia Bosso, qui fut femme de Sidi-Mustapha-Bey, et Salvatora Pauna, qui devint celle de Mohammed-Bey. Toutes deux sont mortes de notre temps, dans la religion musulmane.

Mais, si quelques-unes oubliaient leur origine chrétienne, beaucoup d'autres ne les imitaient point. Parmi celles-ci, il y eut une héroïne gênoise qui mérite d'être connue.

Entre les années 1773 et 1783, les pirates Tunisiens prirent sur les côtes de la Ligurie une famille composée de quatre personnes : le père, nommé Joseph-Marie Timone, ses deux fils et sa fille, qui avait nom Symphorose. Ces pauvres gens furent amenés sur le marché de Tunis pour être vendus, et Symphorose fut conduite au harem, qui devait être celui d'Othman..

Bien que fort barbare et cruel, son maître se laissa d'abord vaincre par la beauté et bien plus encore par les vertus de la jeune esclave, qu'il admirait sans les comprendre. Il résolut de faire d'elle une de ses femmes, et même de l'élever en dignité dans sa maison, si elle voulait se rendre à ses désirs; mais il fallait pour cela qu'elle renonçât à la religion chrétienne. Plusieurs fois il lui renouvela ses propositions, disant qu'il la ferait reine; la jeune esclave refusa toujours d'y accéder.

Voyant ses offres rejetées, l'exécrable prince en vint aux menaces, disant que, si elle s'obstinait à ne pas renoncer à sa foi, elle devait s'attendre à mourir. Mais Symphorose lui répondit : « Il ne sera jamais vrai que je me rende à vos désirs. Il ne sera jamais vrai que je renonce à ma foi, ni pour devenir reine, ni pour toute autre chose de ce monde. Et si ce jour doit être le dernier de ma vie, il me sera bien précieux, du moment où je mourrai pour l'amour de mon Dieu. Je ne désire rien davantage; je suis prête à souffrir pour lui toute sorte de tourments, comme je vous l'ai déjà dit plusieurs fois. Je voudrais, de plus, que mes frères, qui se sont laissés vaincre par la peur et les tourments, fussent au dedans de moi : je vous assure qu'ils ne seraient point musulmans. »

Ces deux malheureux, de l'aveu de leur sœur, avaient donc abandonné la foi.

A cette réponse, Othman entra en fureur. Il appela deux eunuques, deux ou trois négresses et ses femmes, et, se faisant apporter une massue de bois d'olivier, il en frappa la pauvre enfant, en lui enjoignant de renoncer à sa foi. Symphorose protesta ne le vouloir faire, et lorsque, sous la violence des coups, elle eut perdu les forces et la voix, elle faisait encore avec la tête des signes de dénégation. Les autres femmes lui disaient : « Symphorose, il est encore temps de renoncer à ta foi. Si tu ne peux plus parler, fais au moins un signe. » Symphorose trouva encore la force de leur répondre : « Je ne veux pas de votre paradis, qui est l'enfer. Je veux le paradis de mon Seigneur Jésus, qui est le véritable. »

Le monstre qui frappait se fatigua enfin, et se jeta sur un lit qui était proche. Ses serviteurs lui dirent qu'il ne fallait plus s'occuper de cette fille, qui allait expirer. Il dit alors qu'il allait la ressusciter. Il fit allumer du feu, y jeta des tisons trempés dans l'huile, et quand ils furent bien embrasés il se mit à les lui enfoncer dans les chairs. Voyant enfin qu'il ne pouvait vaincre la constance de sa victime, il mit son cimeterre à nu pour lui trancher la tête. Les assistants se précipitèrent sur lui et le retinrent. Il fit alors transporter la vertueuse enfant dans une prison dont il garda la clef, disant qu'il fallait l'y laisser mourir de faim et de soif.

Revenue à elle, Symphorose chanta le *Te Deum* en action de grâce de la victoire que Dieu l'avait aidée à remporter.

Le bey Hamoud-Pacha, ayant su ce qui s'était passé chez son frère Othman, fit venir la jeune esclave pour l'inviter également à renoncer à sa foi. Il n'y réussit pas davantage. « Si tu ne veux pas renoncer de cœur, lui dit-il, renonce au moins de bouche ; cela suffira. — Non, répondit-elle, ni de cœur ni de bouche : je veux vivre et mourir chrétienne. — Fais comme tu voudras, et ce sera bien, » répliqua-t-il. Il ordonna ensuite qu'on la sortît de prison, et qu'on la rendît à la liberté.

Peu de jours après, le père de Symphorose, esclave aussi, fut informé de ce qui était arrivé à sa fille. Il supplia son maitre de la lui laisser voir, afin d'entendre de sa bouche ce récit lamentable et en même temps glorieux. Cette faveur lui fut accordée, et la relation que nous venons de reproduire est extraite de celle qu'il adressa à un autre de ses fils, Nicolas-Marie Timone, prêtre de la Mission, à Gênes, en date du 24 août 1783. Il termine sa longue lettre par ces lignes :

« Je ne puis vous donner une idée des larmes que cet événement me fait verser : larmes de douleur à la pensée des coups et des souffrances qu'a subis ma fille ; larmes de joie en voyant qu'elle a gagné la victoire, et courageusement supporté tant de maux pour l'amour de Dieu et pour la gloire de notre sainte foi. Et l'on peut dire en toute vérité qu'elle s'est couronnée de gloire en donnant ce bel exemple à nombre d'autres filles qui en ont été témoins. Je vous dirai encore, pour notre commune consolation, que, peu de jours après cet événement, il m'a été permis d'entrer *dentro dell'atrio* pour la voir, et je l'ai trouvée fort heureuse, comme il arrive toujours à quiconque souffre pour l'amour de Dieu. En m'apercevant, elle s'est jetée à mon cou; elle pouvait à peine parler, tant sa joie était grande. Elle m'a tout dit en peu de mots, et surtout m'a recommandé de vous écrire pour vous raconter tout ce que je viens de vous dire ci-dessus, ajoutant qu'elle espérait pouvoir un jour vous le répéter elle-même. »

Ensuite, il supplie son fils de prier le Seigneur, ne pouvant autre chose par suite de son état religieux, pour qu'ils fussent rachetés et délivrés le plus tôt possible.

Tout autre document écrit nous fait défaut sur cette famille Timone. On croit cependant savoir que, peu d'heures après, le père et la fille furent rachetés. Ils purent alors raconter au bon Lazariste les souffrances endurées par sa sœur pour l'amour de sa religion et de son Dieu. Quant aux deux malheureux fils, ils durent rester confondus parmi les renégats, dont il y a encore un bon nombre dans la ville et dans la régence, où la population est un mélange d'anciens Berbères, de Maures, de Turcs, d'Arabes et de renégats de toutes les nations, principalement Sardes, Napolitains et Corses.

Le prince Othman fut élu bey en 1814, à la mort de son frère Hamoda. Trois mois après, le 21 décembre, il fut assassiné à la suite d'une révolution de palais, comme nous avons dit plus haut.

Nous devons pourtant rendre justice aux descendants de Ben-Ali-Turki, en disant que ces faits de cruauté contre les chrétiens ne se sont pas répétés souvent depuis l'élévation de leur dynastie sur le trône. En général, les princes de cette famille ont été assez tolérants et même affectueux aux chrétiens, principalement les trois derniers, que nous avons connus depuis notre arrivée à Tunis : Sidi-Ahmed, Sidi-Mohammed, et Sidi-Mohammed-es-Sadok, actuellement régnant.

XX.

Chapelle catholique du Bardo.

Les esclaves chrétiens, retenus au Bardo, palais des beys, pour le service des princes et des grands de la cour, avaient dès le seizième siècle pu obtenir l'usage d'une petite chapelle. Un missionnaire s'y rendait de Tunis, au moins les jours de dimanches et de fêtes, pour le service religieux. Cette chapelle était placée dans une cave, sous le palais. C'était donc un lieu très obscur, très humide ; il devint même indécent.

En 1714, la mission fit quelques réclamations, afin d'obtenir un local plus commode et plus convenable. Elle s'adressa d'abord à la Propagande. Celle-ci pria le cardinal de la Trémouille d'interposer les bons offices du consul de France à Tunis, à l'effet d'obtenir du bey la restauration ou la réédification de la chapelle catholique du Bardo.

Ces démarches ne produisirent aucun résultat : la chapelle, ou plutôt la catacombe, continua de servir jusqu'en l'an 1846, et j'ai dû, à mon tour, y célébrer la messe pendant trois ans. Pour surmonter mes répugnances, je m'imaginais faire les saints mystères dans les catacombes de Rome, en plein temps de persécution, bien que l'esclavage des chrétiens sous le joug barbaresque eût déjà dès longtemps pris fin.

Il était indispensable, cependant, de fermer cette caverne délabrée et indécente. Mgr Sutter, vicaire apostolique, l'interdit dans le courant de l'année 1846, et fit prier Son Altesse le bey Ahmed de lui procurer un local mieux placé et plus convenable, pour le service religieux des chrétiens de son palais. Le bey comprit la justesse de cette demande, et donna l'ordre de satisfaire le désir de l'évêque. Malheureusement, par suite de la longue maladie qu'il eut à souffrir, il ne put point veiller à ce qu'on donnât suite à cet ordre, et les plaintes que les chrétiens du palais ont souvent faites depuis lors sont restées inutiles, sans doute par l'effet de plusieurs mauvaises volontés contre lesquelles elles se sont heurtées. Dernièrement encore, je me rendis au Bardo pour baptiser un nouveau-né, dont les parents, siciliens, sont employés au service du Bey du camp. Je les entendis se plaindre de n'avoir pas de chapelle. Je les engageai à en renouveler la demande par l'entremise des chrétiens haut placés près de Son Altesse le bey Mohammed-Es-Sadok, qui est si bon pour nous, afin de n'avoir plus la peine d'être obligés de se rendre à Tunis, qui est distante d'un mille et demi. pour accomplir leurs devoirs religieux.

XXI.

Réduction, en faveur des esclaves chrétiens, du nombre des fêtes d'obligation (1774).

Depuis l'établissement des missions, on avait introduit, dans le Vicariat apostolique d'Alger, ainsi que dans cette Préfecture de Tunis, toutes les fêtes qui étaient observées en Italie et en France. Cela imposait une grande gêne à beaucoup de pauvres esclaves chrétiens, parce qu'ils étaient souvent forcés de travailler ces jours-là, soit par les ordres de leurs maîtres, soit pour gagner les prix de journées que ces maîtres exigeaient, soit enfin pour se nourrir.

Ces motifs engagèrent le Vicaire apostolique d'Alger et le Préfet de Tunis à faire parvenir à Rome une pétition collective, pour obtenir en faveur des esclaves la diminution du nombre des fêtes. La Propagande répondit par la concession désirée, le 10 mars 1774. Par la suite, cette dispense fut étendue aux chrétiens francs, en vertu du décret suivant :

« De l'audience de Notre Très-Saint Seigneur Pie VI, par la divine Providence Pape, obtenue par moi soussigné, secrétaire de la Sacrée Congrégation de la Propagande, le 11 février 1776. Sur le rapport

que je lui ai fait de la demande du Vicaire apostolique d'Alger.... en Afrique, Notre Très-Saint Seigneur a bien voulu étendre à tous les fidèles existant
dans la circonscription dudit Vicariat le décret rendu
le 10 mars 1774 en faveur des seuls esclaves.... par
lequel, selon la forme de la bulle de Paul III pour
les Indes, il est ordonné que l'on s'abstienne des
œuvres serviles seulement les jours de dimanche, de
Noël, de la Circoncision, de l'Épiphanie, de la Résur-
rection, de l'Ascension, de la Pentecôte, de la Fête-
Dieu, de la Nativité de la sainte Vierge, de l'Assomp-
tion, de la Purification, de l'Annonciation et des
Bienheureux Apôtres saint Pierre et saint Paul. Les
autres jours de fête, il leur sera permis de se livrer
aux travaux serviles pour subvenir à leurs besoins,
en se conformant pour tout le reste à la teneur dudit
décret.

 » Donné à Rome dans le palais de la Sacrée Congrégation de la Propagande... »

XXII.

Familles chrétiennes fixées en Tunisie.

Les archives de la mission n'offrent rien d'intéressant au sujet des dernières années du siècle passé. J'y trouve cependant une liste, dressée en l'an 1780, des familles chrétiennes de différentes nations qui habitaient alors Tunis et ses environs. Les unes étaient franches ; les autres avaient été rachetées ou affranchies de l'esclavage : celles-ci étaient les plus nombreuses. Toute cette population formait la paroisse catholique de Tunis.

Après celles de France, dont nous parlerons plus loin, les familles consulaires étaient au nombre de trois :

1º Famille du consulat de Venise, composée de quatre personnes, compris le consul, M. Guzzo, et son vice-consul, M. Gorgoglione.

2º Famille du consulat de Hollande, composée de cinq personnes, y compris le consul, M. Arnold Nyssen, dont les descendants tiennent encore ce consulat.

3º Famille du consulat de Danemarck, composée de six personnes, y compris M. Louis Amichen, catholique.

Le consulat d'Angleterre existait depuis longtemps, mais aux mains d'une famille protestante.

Les familles françaises étaient au nombre de seize.

Le consul de France était alors M. du Rocher. Les autres familles portaient les noms de Minuty, Morier, Arnaud, Gaspary, Caille, Noble, Bary, Billiez, Salva, Eymon, Ferra, Sanonian (deux familles), et Clément. Elles formaient ensemble une population de cinquante-quatre individus.

Il est juste de mentionner aussi la bonne famille Chapelier, protestante, qui existe encore dans la personne de Madame Chapelier et de son fils, en ce moment premier député de la nation.

Cinq des familles catholiques ci-dessus existent encore parmi nous. Ce sont les deux maisons Sanonian, et les maisons Eymon, Gaspary et Clément.

Les familles corses, alors devenues françaises par l'annexion de leur pays au nôtre, étaient au nombre de six, et comprenaient quarante-deux individus.

Les familles gênoises étaient au nombre de neuf, comprenant trente et un individus. Trois d'entre elles ont disparu ; les autres subsistent, et sont :

D'abord la maison Raffo, originaire de Chiavari. Le grand-père, Jean-Baptiste-Félix Raffo, avait été fait esclave par les pirates tunisiens. Son fils, le comte Joseph-Marie Raffo, né au Bardo le 9 février 1795, devint ministre des affaires étrangères sous les deux beys Ahmed et Mohammed. Très attaché à ces princes et à leur gouvernement, mais plus encore à la religion catholique, dont il remplissait exactement les devoirs, il fut un des plus sincères amis et des plus bienveillants protecteurs de la mission et des mission-

naires. Il donna un exemple extraordinaire de patience
et de résignation chrétienne pendant la longue et
douloureuse maladie qui le conduisit au tombeau; il
mourut à Paris le 2 octobre 1862, dans les bras de
M. le Curé de Sainte-Madeleine, qui resta très édifié
de sa vertu. Sa dépouille mortelle, d'abord déposée
dans les souterrains de cette église, fut réclamée par
son fils, notre affectueux ami, le comte Jean-Baptiste-
Félix Raffo, colonel et interprète de Son Altesse le
Bey, qui la fit transporter à Tunis, et déposer dans
le sépulcre de ses pères. La cérémonie des funé-
railles fut célébrée par Mgr Sutter, vicaire apostolique, le 23 février 1863, et le char mortuaire fut
accompagné à notre cimetière catholique par les
corps consulaires en grand uniforme. Le Bey envoya
quelques princes de sa famille et une compagnie de
militaires pour escorter cette cendre vénérable jusqu'à sa dernière demeure.

Le comte Jean-Baptiste-Félix Raffo est l'héritier
des vertus d'un si bon père et de son attachement à
notre sainte religion. Nous espérons qu'il succédera
aussi à sa haute dignité, à la cour du Bardo. Sa digne
épouse, la comtesse Elisabeth, née à Londres d'une
famille catholique irlandaise, est le modèle des mères
chrétiennes par les soins qu'elle apporte à l'éducation
de ses charmants petits enfants; elle porte dignement
ce nom d'Elisabeth par l'imitation des vertus de la
sainte reine de Portugal. Le comte et la comtesse
ont élevé sur les restes mortels de leur père un
monument qui proclame leur piété filiale. Il est à
propos, aussi, de faire savoir aux membres de l'œuvre
de la Propagation de la Foi, que cette excellente
famille a été une des premières que j'aie pu inscrire,

en février 1847, au nombre de ses associés : elle forme à elle seule une dizaine.

La famille Borsoni est également originaire de Chiavari. Elle est divisée en plusieurs branches, dont tous les membres s'occupent à des négoces divers, et jouissent d'une estime et d'une affection universelles.

Les familles tabarquines, rachetées de l'esclavage, étaient, en 1780, au nombre de vingt-six, formant une population de cent ving-cinq personnes. De ce nombre étaient les maisons Bogo et Gandolfe, dont j'ai déjà parlé.

Le total des chrétiens francs des trois nations susdites, y comprises les familles consulaires, était donc, en 1780, de deux cent cinquante-deux personnes.

XXIII.

Du recrutement des esclaves chrétiens par les pirates de Tunis.

Le nombre des chrétiens captifs était beaucoup plus considérable. D'après quelques mémoires, ils étaient ordinairement au nombre d'environ deux mille, dont une partie au service du bey et des grands de la cour, une autre à celui des familles mauresques, une troisième à celui du gouvernement et de la ville. Ces derniers étaient logés dans différents bagnes divisés par nation, et la mission desservait leurs chapelles.

Pour donner une idée de la manière dont ces malheureux étaient recrutés, il suffira de quelques détails au sujet des prises faites par les pirates tunisiens sur les côtes des Deux-Siciles depuis l'an 1786 jusqu'au 3 mars 1797. Nos renseignements sont complets sur tous les Siciliens et Napolitains pris pendant ces douze ans : chacun d'eux est inscrit avec son nom, ses prénoms et son âge.

Dans le courant de l'année 1786, furent pris, conduits à Tunis, et vendus sur le marché quatre-vingt-sept Siciliens et Napolitains ;

En 1787, quatre-vingt-quatorze ;

En 1788, quarante-cinq ;

En 1789, trente-neuf;

En 1790, trente et un ;

En 1791, soixante-dix ;

En 1792, janvier, dix-sept; mars, douze ; mai, treize ; août, cinq ; septembre, trente-neuf. Total de l'année, quatre-vingt-six.

La prise de 1793 fut un peu plus abondante et lucrative pour le gouvernement tunisien et pour les rois ou chefs des pirates. Au moi de mars, six; mai, vingt et un; en juillet, deux prises ; le 7 et le 28, dix-huit; en août, six prises, les 5, 19, 20, 25, 26 et 30, quarante-cinq captifs ; septembre, vingt-trois ; novembre, également vingt-trois. Total de l'année, cent trente-six captifs.

Dans le courant de 1794, les courses ne produisirent que vi.... ?eux captifs, sans que nous en puissions découvrir la cause.

En 1795, il y en eut soixante-onze ;

En 1796, quatre-vingt-quinze ;

En 1797, janvier, quatorze ; mars, cinq.

Ici finit notre document sur ces lamentables captures d'infortunés, vendus au nombre de près de huit cents dans l'espace de onze ans et trois mois au profit du gouvernement, sans compter les marchandises et autres objets pris sur les navires.

Le prix de rachat, pour chaque individu, était ordinairement de 1500 piastres tunisiennes, somme équivalente en ce temps-là à 4500 francs ou environ. C'était donc un bénéfice total d'à peu près trois millions et demi fourni par les seuls Napolitains au gouvernement de Tunis.

Les autres peuples, sardes, génois, romains, toscans, vénitiens, qui n'avaient point de traités avec la régence, fournissaient pareillement leur contingent de marchandise humaine, dont il n'est plus possible de préciser la quantité et la valeur.

Au mois d'avril de l'année 1784, la peste reparut dans cette ville. Elle ravagea la régence et la capitale pendant près d'un an, emportant beaucoup d'indigènes et de juifs. Parmi nos chrétiens francs et esclaves, elle fit cent quarante victimes. Deux de nos missionnaires, les Pères Victor de Castel Arguato et Hippolyte de Casalmaggiore, succombèrent en assistant les pestiférés des bagnes. Les Trinitaires perdirent aussi trois religieux, dont le Père Moreno, leur supérieur et administrateur de leur hôpital.

Le 24 juin 1799, un traité eut lieu entre le gouvernement des Deux-Siciles et le bey Hamonda-Pacha. On y remarqua cet article, le 11e, relatif aux pauvres esclaves : - Tous les esclaves Napolitains et Siciliens qui se trouvent actuellement à Tunis, y resteront, et ne deviendront libres qu'au moyen de la rançon habituelle, comme il a toujours été pratiqué. » Les autres articles regardent le commerce et la navigation.

XXIV.

Révolution à Tunis en l'an 1811.

Une des dernières révolutions, presque aussi terrible que celle de 1756, eut lieu dans le courant de l'année 1811, sous le règne du bey Hamonda-Pacha.

Ce prince, mécontent des milices turques, fit cesser leur recrutement dans le Levant, usage que ses prédécesseurs pratiquaient depuis longues années. Peu à peu, il éloigna les principaux fonctionnaires turcs des affaires de son gouvernement. Pour diminuer leur influence et celle de leur milice, il commença de former un nouveau corps, composé uniquement d'indigènes et d'enfants de turcs et de femmes mauresques nés dans le pays, où ils sont appelés *Couraglis*. Par leur origine, ils offraient plus de garanties de fidélité et d'attachement au bey. Il s'entoura, au Bardo, d'une nombreuse garde de Mamelouks, formée de Géorgiens, de Circassiens et de renégats européens, dont un bon nombre existe encore, et sur le dévoûment desquels il pouvait compter.

Toutes ces précautions blessèrent l'amour-propre des Turcs. Ils commencèrent à ourdir une conspiration. Les conjurés se divisèrent en autant de sections qu'il y avait de casernes dans Tunis. Ils résolurent de tuer le bey, et fixèrent pour cela un vendredi, se proposant d'envahir la mosquée et de l'y assassiner au moment où, suivant l'usage, il y ferait sa prière.

Heureusement, Hamonda-Pacha, ce jour-là, ne quitta pas le Bardo, par la raison ou sous le prétexte qu'il était souffrant.

Cette nouvelle déconcerta les conjurés, qui se crurent trahis. Aussitôt, les chefs se soulevèrent et se répandirent en tumulte et en armes dans les rues, pour saccager la ville. Toutes les boutiques et les bazars furent enfoncés et dévastés; un grand nombre de maisons juives et européennes, livrées au pillage, devinrent le théâtre des crimes les plus horribles. Cet événement eut lieu dans la nuit du 30 août.

Dans cette crise, l'hôtel consulaire de France donna asile aux familles chrétiennes, et même juives, accourues pour mettre à l'abri leurs personnes et leur fortune. De son côté, le bey envoya des forces qui obligèrent les révoltés à s'enfermer dans la Casba. Celle-ci fut attaquée vigoureusement par la garnison restée fidèle et par la population tunisienne.

Quelques insurgés se rendirent à discrétion. D'autres, conduits par le bey qu'ils avaient élu, sortirent de la Casba par une porte secrète qui ouvrait sur la campagne, et gagnèrent l'intérieur de la régence. Le même jour, le bey envoya un corps de cavalerie à leur poursuite, avec ordre de les massacrer tous, ce qui fut fait près des montagnes de Tabarca. Ainsi finit cette révolution des janissaires turcs.

XXV

Obstacles suscités au commerce européen après l'extinction
de l'esclavage. Détresse qui en résulte pour la mission.

Notre grande révolution française et les guerres
qui l'accompagnèrent et la suivirent, et eurent lieu
plus d'une fois sur la Méditerranée, opposèrent certainement un obstacle à la liberté de la navigation
marchande. La cessation de la piraterie fit, dans le
principe, plus de mal encore au commerce des européens établis à Tunis. Ayant dû, sous la pression
des puissances, renoncer tout à fait à la piraterie, le
gouvernement tunisien fut forcé de convertir ses
armements de guerre en bâtiments marchands. Il
crut trouver un moyen de combler le vide de ses
caisses dans la monopolisation à son profit de tous
les produits destinés à l'exportation. Il s'ensuivit, au
contraire, que le pays tomba dans la misère, et que
celle-ci ne fit qu'empirer d'année en année. Ainsi,
par exemple, les barques des pêcheurs de corail cessèrent de venir; or, précédemment, elles étaient fort
nombreuses tous les ans pendant plusieurs mois de
la belle saison; elles occupaient une bonne partie de
nos européens, enrichissaient les autres, et faisaient
des aumônes assez considérables à la mission.

Cela finit par ruiner entièrement la population chrétienne de cette ville. Quelques-uns de ces malheureux, pour ne pas mourir de faim, se firent musulmans; d'autres menacèrent de suivre cet exemple si on ne venait pas à leur secours. La mission fit ce qu'elle put pour secourir ces pauvres gens; mais elle se trouvait elle-même aux abois, et ne pouvait pas payer le loyer de la maison et de la chapelle. Le propriétaire, turc de nation, ne touchant pas son argent, voulut forcer les missionnaires à se retirer de ce logement. Alors, le Père Michelange de Partana, préfet, se recommanda au consul général de France, monsieur Devoize, très excellent chrétien et protecteur zélé de la mission catholique. Il obtint que les missionnaires restassent dans leur maison, à condition, toutefois, que leur prix de loyer serait augmenté. Ce loyer fut porté à deux cents colonats d'Espagne. On y ajouta la charge des réparations annuelles, qui ne coûtaient pas moins de cent colonats, et la construction de quatre chambres à l'étage supérieur : ce sont celles qu'occupent aujourd'hui les bons Frères des Écoles Chrétiennes.

Ces pauvres Pères furent contraints d'accepter d'aussi dures conditions pour n'être pas expulsés; mais comment remplir de pareils engagements? Ils ne pouvaient que recourir à la Sacrée Congrégation de la Propagande, supérieure et tendre mère des missionnaires. Le moment n'était pas favorable : les révolutions qui avaient agité la capitale du monde chrétien, son occupation par nos troupes, et la captivité, pendant cinq ans, du vénérable pontife Pie VII. qui venait seulement de rentrer à Rome, avaient épuisé les fonds des Congrégations romaines. Ceci n'empêcha pas le Père Préfet d'adresser à la Propagande une longue requête, où il exposait l'état de la mission, et concluait par la demande de six cents écus, à défaut de laquelle il faudrait certainement l'abandonner.

Il paraît que cette démarche n'obtint aucun résultat. Le Préfet, pour nourrir ses missionnaires et payer son loyer, fut obligé de contracter une dette de plus de mille colonats, comme l'affirme une note de la fin de 1816, que j'ai sous les yeux. Puis, ne pouvant payer une somme si élevée, il offrit sa démission au cardinal Litta, préfet de la Propagande.

Cette résolution vint à la connaissance des consuls des puissances catholiques. Ils adressèrent alors au cardinal Litta cette lettre collective :

« Tunis, 3 avril 1817.

» Éminentissime Seigneur,

» C'est avec une surprise extraordinaire que tous nous venons d'apprendre une nouvelle bien désagréable. Le Père Michelange de Portana, préfet de cette mission, aurait depuis plusieurs mois prié Votre Éminence d'accepter sa démission. Si nous l'avions su en son temps, nous vous aurions immédiatement écrit; du moins le faisons-nous aujourd'hui sans perdre un instant, d'autant que les motifs de sa demande ont en partie cessé d'exister. Il a dit à Votre Éminence que cette mission était condamnée à une mort certaine, faute de moyens de subsistance, et que, se trouvant dans l'impossibilité de pourvoir aux besoins des missionnaires et à ceux du culte divin, il se voyait forcé de s'éloigner.

" Ces motifs étaient vrais ; mais ils ne le seront bientôt plus, car la mission recouvrera l'aumône annuelle que lui faisaient autrefois les pêcheurs de corail, qui, en ces dernières années, ne venaient plus, ou ne venaient qu'en petit nombre. Unie à quelque autre ressource éventuelle, cette aumône pourra suffire à peu près à l'entretien des six missionnaires qui habitent l'hospice de la mission.

" En conséquence, d'une part, voyant prendre fin les motifs de sa résolution, d'autre part étant témoins et satisfaits de sa piété, de son zèle, de ses soins pour le culte divin, en un mot de toutes ses bonnes qualités et de son absolue moralité, nous avons d'un commun accord délibéré de prier Votre Éminence Révérendissime de ne pas donner suite à sa demande. Et comme nous n'en avons eu connaissance que très tard, si déjà vous aviez résolu d'envoyer un nouveau Préfet, nous prions Votre Éminence Révérendissime de renouveler et confirmer les pouvoirs du dit Père Michelange, et nous nous chargeons de le détourner de son intention de quitter cette mission.

" Votre Éminence Révérendissime voudra être assez bonne pour faire ce que nous lui demandons : cela importe au bien et au profit de tous les chrétiens de ce pays, pour la plupart sujets de nos souverains, et de la conduite desquels nous sommes pour ce motif responsables. Attendant avec impatience une réponse favorable à la demande que nous présentons à Votre Éminence Révérendissime, nous baisons avec le plus profond respect votre pourpre sacrée, et nous protestons, de Votre Éminence Révérendissime, les serviteurs :

„ Le consul général chargé d'affaires de France, chevalier DEVOIZE.

„ Cavaliere Renato de MARTINO, console generale di S. M. il Re delle due Sicilie.

„ Il vice console incaricato d'affari di Spagna, Pedro SOLER.

„ L'agente e console generale di S. M. il Re di Sardegna, cavaliere PALMA di Borgo Franco. „

Le Père Michelange fut donc obligé de rester à Tunis, mais pas pour longtemps, car dix-huit mois plus tard, comme nous allons voir, il fut emporté par la peste.

XXVI.

Peste de 1818 et 1819. Tous les missionnaires succombent, excepté un, qui reste pendant longtemps le seul ouvrier de la mission.

En 1818, la peste fut apportée dans la régence par les caravanes de Constantine. La paix venait d'être faite avec Alger, et les désastres du nouveau fléau remplacèrent ceux de la guerre. Il exerçait ses ravages depuis six mois dans le territoire, lorsque, en septembre, il pénétra dans la ville. En peu de jours la contagion se propagea dans tous les quartiers avec une fureur extrême, et on compta bientôt jusqu'à cinq cents décès par jour.

Huit mois après, l'épidémie commença de décliner. En avril 1819, il n'y avait plus que trente-cinq à quarante décès par jour. Au mois d'août, la maladie semblait complètement éteinte. Elle reparut en janvier 1820, avec moins d'intensité pourtant, et disparut définitivement en juillet.

Un relevé statistique de cette époque évalue à près de cinquante mille le nombre des victimes frappées, dans la seule ville de Tunis, pendant les vingt-deux mois de durée de cette épidémie, qui fut la dernière peste orientale dans ces parages.

Le choléra-morbus la remplaça en 1850 et en 1856, emportant nombre d'indigènes et d'européens.

Le Père Michelange, préfet de la mission, succomba le 26 novembre 1818. Après lui, les autres missionnaires furent moissonnés les uns après les autres. Un seul fut épargné. C'était le Père Alexandre de Massignona. Venu dans la mission en 1797, et revenu, après une interruption, en 1807, il avait été préfet de 1807 à 1815. Il dut donc prendre une seconde fois la direction de cette mission désolée. Il dressa, de sa situation déplorable, un rapport qu'il adressa à la Propagande. Elle lui répondit, vers le mois d'avril 1819, en l'investissant de la préfecture. En remerciant le cardinal préfet de la Sacrée Congrégation, il le supplia de lui envoyer au moins deux missionnaires pour l'assister et l'aider à cultiver ce morceau de la vigne du Seigneur, et des secours pour les nourrir, pour entretenir le culte divin, et pour payer au moins une partie de la dette laissée par le Père Michelange, qui montait à mille colonats d'Espagne.

Le cardinal chargea l'évêque de Malte de lui envoyer trois cents écus. Ce petit secours tardant à venir, la désolation et la détresse de l'infortuné préfet devinrent extrêmes. Il dut insister par de nouvelles lettres, en date du 16 août 1819, auprès du cardinal et auprès du Procureur des missions de notre ordre : la mission n'avait d'autre ressource que les cinquante colonats, aujourd'hui six cents francs, alloués par le consulat de France pour le service de sa chapelle. Enfin, l'année 1819 touchait à son terme, quand le Père Alexandre reçut les trois cents écus, qui lui rendirent quelque courage.

Au mois d'avril 1820, le Père Alexandre, se trouvant toujours seul avec deux frères laïques, renouvela sa demande de collaborateurs au cardinal Fontana, préfet de la Propagande, pour pouvoir, disait-il, desservir la paroisse de Tunis, les chapelles du consulat de France, du Bardo et de la Goulette, et celle de Biserte au moins aux grandes solennités. Les familles chrétiennes de cette dernière ville demandaient un missionnaire au moins pour les jours de Pâques, de Noël et de la Pentecôte, afin de ne pas oublier qu'elles étaient catholiques.

Mais le moment était bien difficile. Notre ordre, après plusieurs années de suppression, ne faisait que commencer à renaître, et il devait pourvoir également ses autres missions de la Suisse, de Constantinople, de Philippopoli, de la Syrie, des Indes, de la Géorgie, des deux Guinées, du Brésil, etc. : elles requéraient un personnel d'environ trois cents religieux. Ainsi, la demande du Préfet de Barbarie dut rester encore sans résultat.

Ce fut seulement au 2 octobre 1821, qu'on put lui envoyer un Père sicilien, Luigi da Marsala, religieux de la petite province de Malte, qui n'avait pas été supprimée, grâce à sa situation dans une île tombée au pouvoir des Anglais.

XXVII.

Supplice d'un jeune chrétien et de sa fiancée en 1823.

Au mois de novembre 1823, un évènement tragique vint affliger cette mission et la colonie européenne de Tunis. Il montre combien féroce est encore, dans ce siècle, le fanatisme musulman de cette population et de ses gouvernants.

Un jeune piémontais, dont le nom est absent de nos archives, était venu à Tunis pour exercer l'état de boulanger. Après quelques mois, il fit la connaissance d'une jeune mauresque, et ils résolurent de s'unir l'un à l'autre. Peut-être l'intention du boulanger sarde était-elle d'enlever cette fille, de l'emmener dans son pays, de la faire chrétienne, et de l'épouser dans les conditions les plus légitimes. Malheureusement, les maures s'aperçurent de leurs relations ; ils les surveillèrent de près, à leur insu. Un jour, les deux infortunés furent surpris, arrêtés et conduits immédiatement devant le bey Mohammed, avec un maure qui leur avait servi de médiateur.

Une populace fanatique et furieuse, poussée par les santons de La Mecque et les drauïs, accompagna les deux jeunes gens jusqu'au Bardo, menaçant tous les chrétiens, vociférant des malédictions, et demandant la mort de ces deux innocents. Cédant aux cris de cette foule farouche, le bey prononça la sentence de mort contre le sarde, et ordonna qu'elle fût exécutée sur-le-champ. La victime fut traînée au supplice, et deux coups de yatagan lui tranchèrent la tête.

Ce drame fut terminé si promptement, que le consul de Sardaigne n'eut pas le temps de prendre la défense du jeune homme, ni le Père missionnaire celui de lui administrer les derniers secours de la religion. La populace avait trop de joie de voir couler le sang d'un keb, d'un roumi, d'un chien de chrétien.

La jeune tunisienne, liée dans un sac, fut noyée dans le lac; en même temps, le maure qui avait facilité les relations était pendu à la porte de la ville, dite Bab-el-Souïka.

Les pauvres chrétiens, alors en petit nombre, n'osèrent point se montrer pendant plusieurs jours, pour ne pas être insultés par le fanatisme, toujours menaçant.

XXVIII.

Nouveau complot des Turcs contre le bey en 1829.

Peu s'en fallut que cette crise et ce danger ne se renouvelassent avec plus de férocité six ans après, c'est-à-dire en octobre 1829.

Cinq cents turcs, d'intelligence secrète avec une partie des soldats du camp de l'Hamma-Lif, où le Bey prenait les bains, devaient se porter inopinément sur ce point, et enlever le prince, tandis que d'autres conjurés se répandraient dans Tunis, y massacreraient les chrétiens, les autres européens, les notables indigènes, et pilleraient leurs maisons. Un autre corps d'insurgés s'emparerait en même temps de la Casba (citadelle) et des forts, pour contenir la ville en attendant qu'un nouveau gouvernement fût institué.

Pour avoir plus d'influence parmi les maures, les conspirateurs avaient chargé un cheik marocain de réveiller le fanatisme musulman en prêchant la guerre sainte.

Heureusement, un chrétien, propriétaire d'une taverne, s'aperçut que des turcs qui fréquentaient sa maison causaient entre eux à voix basse. Il leur prêta attention, et eut ainsi révélation du complot.

Aussitôt, il sortit, comme pour aller chercher des bouteilles d'eau-de-vie pour les servir à ses hôtes, et il avertit secrètement le Père Alexandre, préfet de la mission, dont l'hospice était voisin de la taverne. Celui-ci informa immédiatement M. Matthieu de Lesseps, consul général de France, qui ne perdit pas de temps, et transmit la nouvelle à Sidi-Mustapha. Ce prince était resté au Bardo, et déjà la police l'avait instruit de plusieurs assemblées suspectes tenues par les turcs.

Sidi-Mustapha prit aussitôt des mesures énergiques pour déjouer la conspiration. Il expédia un courrier pour faire savoir au bey ce qui se passait et prendre ses ordres. En même temps, le consul de France prépara toute chose pour défendre ses nationaux et les européens, au cas où, malgré la vigilance de l'autorité, des désordres graves éclateraient en ville.

Toutes ces précautions rendirent les rebelles impuissants, et étouffèrent la conspiration. Le lendemain, de nombreuses arrestations eurent lieu dans les casernes ; plusieurs turcs et zouaves furent conduits devant le bey et condamnés à la peine capitale. Quelques autres avaient été arrêtés pendant la nuit, conduits à la Casba, et secrètement exécutés.

Ainsi, encore une fois, les européens de Tunis furent sauvés d'une affreuse catastrophe.

XXIX.

Prise d'Alger par les Français. Conséquences qui en résultent
pour les européens établis à Tunis et pour la mission. Le
Bey cède au roi des Français l'emplacement sur lequel est
mort saint Louis.

Environ neuf mois après l'alerte que je viens de
raconter (15 juillet 1830), un brick tunisien venant
d'Alger apporta la nouvelle de la prise et de l'occupation de cette ville par l'armée française. Nos chrétiens se sentirent rassurés, et Hussein-Bey ne cacha
pas sa joie de voir abattu par nos armes un vieil
ennemi de sa famille et de son royaume. Une partie
de la population tunisienne éprouva la même joie
que son prince ; mais les fanatiques et les anciens
janissaires, débris de la milice turque, ne purent
sans frémir d'indignation entendre la défaite de leurs
frères d'Alger par les armes chrétiennes. Ils commencèrent à prendre vis-à-vis des chrétiens une attitude fière et menaçante. Heureusement, le bey se
laissa guider par le sentiment de ses intérêts, qui le
rendait sympathique à la France. Il se tint sur ses
gardes, et écarta le danger d'une nouvelle révolte.
La population put reprendre son calme accoutumé.
Un *Te Deum* solennel fut chanté dans l'église de la

mission pour célébrer l'éclatant succès de nos armes.

Vers cette époque, fut signé le dernier traité qui soit intervenu entre la France et Tunis. L'article suivant, secret et additionnel, est spécialement digne de remarque :

« Louange à Dieu, l'unique, auquel retourne toute chose !

» Nous cédons à perpétuité à Sa Majesté le Roi de France un emplacement dans la Malka, suffisant pour ériger un monument religieux en l'honneur de Louis IX, à l'endroit où ce prince est mort. Nous nous engageons à respecter et à faire respecter ce monument consacré par l'Empereur de France à la mémoire d'un de ses plus illustres aïeux. Salut de la part du serviteur de Dieu, HUSSEIN-PACHA-BEY ; que le Très-Haut lui soit favorable ! *Amen.*

» Fait au Bardo, le 17 de Sefer de l'année 1246, (8 août 1830.)

» Le Consul général chargé des affaires du Roi, LESSEPS. »

Dix ans après, le roi Louis-Philippe fit construire à ses frais, sur l'emplacement accordé, une chapelle où l'on érigea une belle statue de saint Louis en marbre. Cette chapelle fut bénite par le vice-préfet de la Mission, Père Emmanuel de Malte, et plus tard, le 25 août 1845, elle fut consacrée par Mgr Sutter, vicaire apostolique. La cérémonie fut très solennelle. Tous les consuls des puissances européennes étaient présents, ainsi que les officiers d'un vaisseau français en station à La Goulette. Une bonne partie des familles françaises et d'autres nations vinrent de Tunis pour y assister. L'évêque était assisté de son secrétaire général et de M. l'abbé Bourgade, chanoine honoraire d'Alger, qui peu après sollicita de Paris et obtint la place d'aumônier de cette chapelle[1].

Cette consécration d'église fut la première qui eut lieu dans la régence depuis l'occupation arabe, et jusqu'à ce moment elle a été la seule. La cérémonie, commencée à six heures et demie du matin, se prolongea jusqu'à dix heures et demie du soir (sic).

(1) M. l'abbé Bourgade, précédemment chapelain des Sœurs de l'Apparition de Saint-Joseph, fondées à Alger par la baronne de Vialard, était venu à Tunis avec ces dames, à la suite de mésintelligences avec Mgr Dupuch, évêque d'Alger. Elles fondè rent ici un établissement.

XXX.

Accroissement de la population chrétienne de Tunis après la prise d'Alger. La bienveillance du bey accorde une nouvelle église à la mission.

La prise et la possession d'Alger par nos troupes furent cause que beaucoup de chrétiens, surtout des îles voisines, Malte et la Sicile, vinrent s'établir à Tunis avec leurs familles. La pauvre chapelle de la mission ne fut plus suffisante à contenir les fidèles qui affluaient les jours de dimanches et de fêtes. Le Père Louis de Marsala venait de succéder dans la préfecture au Père Alexandre de Massignano, que son âge et ses infirmités avaient obligé à se démettre. Il eut recours à l'intermédiaire de M. Alexandre Deval, consul général de France, pour obtenir l'ancien hôpital des Trinitaires, et la permission d'y construire une église beaucoup plus grande. Son Altesse Hussein-Pacha-Bey eut la bonté d'accorder ce qu'on lui demandait. Voici sa réponse :

« Louange à Dieu ! De la part de Hussein-Pacha-Bey, au consul Alexandre Deval, chargé du consulat de France à Tunis. Nous avons reçu votre lettre relative à l'église où doivent se réunir les chrétiens :

tout ce que vous nous mentionnez est venu à notre connaissance. Nous vous répondons que Nous vous donnons le local connu sous le nom d'Hôpital, sis dans l'enceinte de Bab-el-Bahr (porte de la marine). Nous en avons fixé le loyer à mille piastres par année : celui que nous en retirions précédemment était beaucoup plus fort ; mais, désirant vous favoriser pour le but que vous vous proposez, Nous renonçons à cet avantage, et Nous consentons à ce que vous ayez la jouissance du dit local de la manière qui vous conviendra. D'ailleurs, rien que d'heureux ! Le 28 de Moharem de l'an 1249 (3 septembre 1833.) »

Bien entendu, la demande du consul avait été fortement appuyée par le chevalier Joseph-Marie Raffo, ministre de Son Altesse. Les deux Pères Louis et Alexandre vinrent prendre possession de leur nouvelle résidence, et louèrent l'ancienne à une famille française.

XXXI

Gêne financière de la mission. Elle reçoit un visiteur apostolique.
Construction de la nouvelle église.

Cependant, la mission se trouvait encore bien gênée dans ses finances, par les dettes que lui avaient laissées les deux préfets Michelange et Alexandre, à la suite des troubles et des pestes qui avaient désolé ce pays. Cela décida la Propagande à lui envoyer un visiteur apostolique, choisi parmi nos missionnaires de Suisse.

Il arriva dans le courant de 1834, et demeura jusqu'en 1836. Son premier soin fut de prendre connaissance exacte de l'état de la mission, et d'en dresser un rapport, qu'il envoya à la Propagande ; puis il fit des ordonnances relatives aux intérêts spirituels et temporels de l'église et de l'hospice [1]. Retourné à Rome vers le mois de janvier 1836, il obtint le changement du préfet Louis de Marsala, qu'il avait reconnu peu capable d'administration et d'économie. Le Père Louis de Taggia, gênois de

(1) Ce visiteur innommé était le P. Joseph-Ange Fazio, de Pianella (Abruzzes), préconisé, peu après, évêque de Tipara, *in part. inf.*, délégué apostolique dans le Liban, mort à Beyrouth le 13 décembre 1838.

naissance, mais profès de notre province romaine, fut envoyé à sa place. Celui-ci arriva le 15 octobre 1836, amenant deux missionnaires et deux frères laïques.

Instruit des affaires de la mission par le Père Visiteur, il crut devoir d'abord employer tout son zèle à procurer la construction de la nouvelle église, parce que l'ancienne chapelle des Trinitaires n'était plus suffisante. Il implora le secours de la Propagande, qui, le 4 avril 1837, lui envoya deux cents écus romains, et plus tard cent autres. Au mois d'août, il recommanda son œuvre à tous les résidents, et deux chrétiens, anciens esclaves, furent chargés de faire une quête dans la ville. Elle produisit la somme de sept à huit cents piastres. Le chevalier Joseph-Marie Raffo, toujours plein de dévouement pour notre sainte religion et pour la mission, ajouta seize mille piastres.

Dès lors les travaux commencèrent. Après quatorze mois, l'église put être ouverte aux fidèles. Le Père Louis de Taggia la bénit le 31 décembre 1837, en présence des consuls des puissances européennes, de M. le chevalier Raffo, tous en grande tenue, et des deux députés de l'église, MM. Ré et François-Paul Gnecio, son beau-frère. Ce dernier persévère toujours dans cette charitable fonction de député de l'église, et il a voulu s'inscrire des premiers, comme les familles Raffo et Bogo, parmi les associés de l'Œuvre de la Propagation de la Foi. M. Ré, à son départ, fut remplacé dans la députation par M. Jérôme Vignal, beau-frère du chevalier Raffo, et à sa mort elle passa à son fils, M. Jean Vignal.

Cette église avait été construite à la hâte, un peu

trop économiquement, par un maître maçon lombard, sans concours d'architecte. Au bout de peu d'années, elle menaça ruine; il fallut la consolider au moyen de clefs en fer. Vingt ans après, beaucoup de chrétiens trouvaient qu'il était dangereux d'y entrer, et ne voulaient ni la fréquenter, ni la laisser fréquenter par leur famille. Du reste, elle était devenue trop étroite pour la population, qui croissait toujours en nombre. Mgr Sutter, vicaire apostolique, forma le projet de la réparer et de l'agrandir, au prix même de grands sacrifices. Le premier dut être l'achat d'une maison mauresque attenant au chœur même de l'église, de telle sorte que ses habitants entendaient tous les chants des chrétiens. Les travaux commencèrent en octobre 1862. La voûte de la nef, faite en terrasse, fut remplacée par un toit de tuiles. La longueur de l'édifice, d'abord de vingt-quatre mètres, fut portée à trente-quatre. La largeur fut maintenue à douze mètres quatre-vingt-cinq centimètres, sans y comprendre trois grandes chapelles et la sacristie, prises en partie sur la maison achetée. Ces travaux, exécutés lentement, au fur et à mesure des ressources, ne sont pas encore terminés. Nous espérons y parvenir dans le courant de cette année 1865, avec le secours de Dieu et l'aide de l'Œuvre de la Propagation de la Foi.

XXXII

Églises de La Goulette, Souse et Sfax.

Dans le courant de la même année 1836, on fut obligé de fonder une église à La Goulette, et d'y placer un Père missionnaire à demeure. Ladite église et l'habitation furent établies dans une petite maison achetée d'un propriétaire sicilien. Elles demeurèrent dans cet état jusqu'en 1846.

La même année encore, quelques familles maltaises, italiennes et françaises nouvellement arrivées, allèrent se fixer à Souse. C'est la seconde ville de la Régence par le nombre et la qualité de la population; elle est fort commerçante, principalement en huile excellente. De cette sorte, elle posséda au bout de peu de mois plusieurs centaines de chrétiens. Le Père Préfet y envoya donc un missionnaire, et fit ouvrir une petite chapelle dans une maison mauresque prise à loyer; le service religieux y fut inauguré au mois de novembre.

Plus tard, le consul de France put obtenir du Bey une maison appartenant au gouvernement. Elle fut accordée à loyer perpétuel, à la condition de faire les réparations et de payer annuellement au gouverneur cent cinquante piastres tunisiennes. On y construisit une chapelle de dimensions proportionnées à l'importance de la population, et ce fut là l'emploi de la première allocation de deux mille francs faite à cette mission par l'Œuvre de la Propagation de la Foi. La chapelle fut bénite par le Père Louis de Taggia, le 28 juillet 1839. Nous l'occupons encore aujourd'hui ; mais elle est devenue trop étroite.

En 1841, une quatrième église, avec station de missionnaire, fut fondée à Sfax, ville maritime et commerçante comme Souse. On y loua d'abord une petite maison mauresque. Mais, en 1846, le bey Ahmed nous accorda un terrain sur lequel nous avons construit une belle église, une habitation pour le missionnaire, et plus tard une maison pour les Sœurs de Saint-Joseph de l'Apparition et leurs écoles de filles.

XXXIII

La mission est pendant quelque temps unie à notre province
de Malte (1841).

Vers la fin de l'année 1840, le Père Louis de
Taggia, voyant arriver dans ce pays un nombre considérable de maltais, proposa aux supérieurs généraux de notre ordre l'union de cette mission à notre
custodie de Malte, dont les supérieurs en pren-
draient la direction. Le motif en était l'impossibilité,
pour tout autre que les maltais, de comprendre et
de parler la langue demi sicilienne et demi arabe de
ceux-ci. Ce projet fut approuvé par les supérieurs de
l'ordre et par la Propagande. On érigea donc en province cette custodie, qui n'avait eu que trois couvents
jusque-là, et qui allait s'augmenter de tout le personnel de la mission de Tunis. Le Père Pierre-Paul
de Malte, précédemment custode, prit le titre de
Provincial, et vint en cette qualité à Tunis au
mois de novembre 1840, amenant avec lui quatre
prêtres et trois frères de sa nation. Il visita toutes
les stations de la mission, prolongea sa résidence
pendant près d'un an, et se retira, laissant à sa place,
avec le titre de vice-préfet, le Père Emmanuel de
Malte, qui était dans la mission depuis le mois

d'octobre 1839. Celui-ci la gouverna jusqu'au mois
d'août de l'an 1842, époque où il se rendit à Rome,
laissant l'intérim de la supériorité au Père François
Rizzo, de Malte, qui l'exerça jusqu'à l'arrivée du
vicaire apostolique, en juin 1843, et termina la série
des préfets apostoliques de cette mission.

Elle en avait eu successivement trente-neuf. Cent
soixante-et-onze de nos religieux prêtres, et une
soixantaine de nos frères laïques avaient collaboré
avec eux. Un seul de nos capucins prêtres avait
appartenu à la nationalité française : c'est le Père
Joseph de Carpentras, venu dans la mission en 1701.

XXXIV

Création du vicariat apostolique
en faveur du P. Fidèle de Ferrare (Mgr Sutter), en 1843.

Par un bref du 21 mars 1843, le pape Grégoire XVI
érigea cette préfecture en vicariat apostolique, et la
confia au Révérend Père Fidèle de Ferrare, né en
cette ville, le 6 mars 1796, de la famille Sutter,
originaire de Sinz, dans le canton d'Argovie (Suisse
allemande). Ce vénérable religieux avait été provincial des Capucins de la province de Bologne.

Après son élection, le nouveau vicaire apostolique
se rendit à Rome, afin d'y recevoir les instructions
de la Propagande et du Saint-Père. Il y trouva un
jeune capucin français qui, depuis plusieurs années,
était dans le collège de nos missions étrangères. Il le
demanda pour Tunis, et l'obtint, quoique déjà on l'eût
destiné aux missions de l'Indoustan. Il le nomma son
chancelier et son interprète pour la langue française.
Il choisit aussi, pour son secrétaire particulier, un
jeune religieux italien, le Père Joseph-Philippe de
Fermara. Ils partirent ensemble pour Tunis le 2 juin
de la même année 1843, et y arrivèrent le 17 du
même mois.

Voici le bref qui instituait le vicariat et nommait le premier vicaire apostolique :

« *Apostolatus officium...* Pour procurer d'une manière durable le bien de la religion catholique dans les lieux qui sont soumis à la mission de Tunis, Nous avons résolu de commettre le gouvernement de ladite mission à un vicaire apostolique non revêtu du caractère épiscopal. En conséquence, ayant, dans le Seigneur, entière confiance en votre piété, votre science, votre prudence, votre zèle pour la religion catholique, et le soin que vous prendrez de remplir parfaitement les fonctions que Nous avons jugé à propos de vous commettre, de l'avis de nos Vénérables Frères les cardinaux de la sainte Église romaine préposés à la propagation de la foi, par la teneur des présentes, Nous vous élisons, députons et instituons à la dite charge, avec toutes les facultés et les droits qui lui sont propres, sauf le caractère épiscopal, et ce sans préjudice de l'autorité de ladite Congrégation, sous Notre bon plaisir et celui du Siège apostolique. Donné à Rome, le 21 mars 1843. »

L'arrivée d'un vicaire apostolique sans caractère épiscopal, sous le même simple habit de capucin que ses deux secrétaires, français et italien, surprit vivement le consul général de France, M. Charles de Lagau, les autres consuls européens, les principales familles catholiques, et surtout le chevalier Joseph-Marie Raffo, ministre de Son Altesse. Le bon Ahmed-Bey lui-même sentit là une sorte de déception.

M. de Lagau, qui avait travaillé beaucoup pour faire élever cette préfecture au rang de vicariat, reprit ses démarches, et fit intervenir auprès de la cour de Rome le ministre des affaires étrangères de France, qui était alors M. Guizot. Rome agréa les bons désirs des deux cours, de France et de Tunis, et voici la lettre de la Sacrée Congrégation qui en avertit officiellement le Vicaire apostolique :

« J'ai le plaisir d'annoncer à Votre Paternité que cette Sacrée Congrégation, dans le désir du plus grand bien qui en pourra résulter pour la mission, et pour donner à votre Paternité une preuve de l'estime qu'elle fait de sa personne, a délibéré de demander au Saint-Père votre promotion à la dignité épiscopale : ce à quoi Sa Sainteté a daigné bénignement consentir. En vous prévenant de cela, je dois, pour votre règle et gouverne, ajouter que déjà j'ai écrit à l'Éminentissime Seigneur cardinal secrétaire des Brefs, l'invitant à vous expédier le bref exigé par la circonstance.

» Rome, 28 juin 1844.

» Cardinal FRANZONI, *préfet.* »

Ce bref, signé le 5 juillet, parvint, par l'entremise de l'ambassadeur de France à Rome, au consul général de Tunis le 20 août. Le Vicaire apostolique partit donc le 31 du même mois, accompagné de son chancelier, et arriva dans la capitale du monde chrétien le 20 septembre. Il fut consacré le 29, dans la chapelle de la Propagande, par Son Éminence le cardinal Franzoni, préfet, et reçut le titre d'évêque de Rosalia (ancien évêché suffragant de Constantinople).

Nous quittâmes Rome le 8 octobre, et, dans la

matinée du 29, nous débarquions à La Goulette. Le soir, nous étions à Tunis.

Le nouvel évêque fut accueilli avec enthousiasme par les consuls européens, ayant à leur tête M. Char_les de Lagau ; une grande partie de la population chrétienne s'était jointe à eux. Le *Te Deum* fut chanté à la paroisse ; la rue de l'église était remplie d'une foule compacte appartenant à toutes les nations et à toutes les croyances : chrétiens, juifs, maures, arabes, etc. Il y eut illumination dans cette rue et à l'hospice de la mission pendant trois soirées consécutives. Le 1er novembre, fête de la Toussaint, l'évêque officia pontificalement pour la première fois, dans une chapelle provisoire préparée sous une des nefs de l'église, le maître-autel étant pour lors en réparation.

XXXV

Le 18 novembre, l'évêque fut présenté en grande
cérémonie par le consul général de France à Son
Altesse Ahmed-Pacha-Bey. Le prince, qui l'attendait
entouré de ses ministres, le reçut avec grande satisfaction, et témoigna son contentement par des paroles cordiales pour le prélat. Il fit servir à toute la
compagnie une tasse de café, et bientôt il montra
par les actes combien sincère était son affection.

Nous avons vu que la mission devait payer au
gouvernement un loyer annuel de mille piastres pour
l'ancien hôpital des Trinitaires, devenu son siège
principal depuis 1833. Quatre mois après la visite
de l'évêque, Son Altesse donna l'*aurera* que nous
traduisons :

« Louange à Dieu ! Par notre présent ordre, il
sera porté à la connaissance des religieux de la foi
du Christ, et de celles de leurs autorités qui se trouvent établies dans nos États, que l'église située à
Tunis en entrant par la porte de la marine, et qui
servait autrefois d'hôpital, laquelle église est une

propriété du gouvernement tunisien, étant devenue trop petite pour la population chrétienne, ainsi que cela nous a été dit, nous avons ordonné qu'elle sera agrandie de dix-neuf coudées dans l'étendue de sa longueur, qui est de vingt coudées. Ces dix-neuf coudées de terrain seront prises sur l'emplacement appartenant à l'État, attenant à l'église, et qui était autrefois occupé par le consulat d'Espagne. Notre ordre précis à cet effet se trouve entre les mains de l'*Oukil*. Et nous avons ajouté, pour la satisfaction des européens habitant notre pays, et pour celle de leurs autorités, que nous supprimons les mille piastres que nous touchions chaque année pour le loyer de ladite église, et nous y renonçons : rénonciation entière. Nous leur avons accordé la faculté de disposer de ladite église, ainsi que de ce que nous y avons adjoint, sans aucun prix de loyer, à la condition toutefois qu'ils n'y construisent rien d'apparent qui soit contraire à la religion des gens du pays et aux usages établis. Cet ordre, relatif à l'église, est émané de nous par l'entremise de notre secrétaire intime, l'honorable, le noble, le remarquable, le confident, le proche notre fils, le chevalier Joseph Raffo, Émir-Allay. Celui à qui il sera présenté devra donc se conformer à sa teneur, et n'y contrevenir en aucune façon. Toute chose appartient à Dieu. Et le salut du pauvre envers son Dieu, son Dieu suprême! Son esclave, le muchir AHMED-PACHA-BEY, émir de la province Tunisienne. Que Dieu lui fasse miséricorde! *Amen.* 19 Sofar, 1261 (17 mars 1845). -

Un semblable *aurera* fut accordé par le même prince, le 1er décembre 1850, pour l'agrandissement du cimetière chrétien de Tunis. Il était adressé à l'évêque, et il ne sera pas sans intérêt d'en insérer ici la partie importante :

« Louange à Dieu ! notre écrit est entre les mains de la personne vénérée, l'évêque, le religieux, l'un des grands. Il est adressé à Son Excellence l'Évêque de la religion chrétienne. Nous avons acheté ces terres de notre argent, et nous les avons destinées à servir de sépulture aux morts européens. Les religions prescrivent la générosité et la bienveillance envers les hôtes. Ce jour, donc, nous avons abandonné nos droits sur ces terrains, qui deviennent *Itabis* (propriété ecclésiastique) du cimetière européen. Son Excellence l'Évêque en a pris possession pour cet usage. Que Dieu soit propice à tous ses serviteurs ! Que celui dans les mains duquel parviendra notre écrit ait à s'y conformer. »

Nous avons précédemment eu soin de mentionner les autres concessions faites à la mission par Ahmed-Bey pour nos établissements de Sfax, La Goulette et autres lieux. Nous n'avons pas pu obtenir l'effet de toutes, par suite de la longue maladie qui affligea ses derniers jours, et qui nous ravit cet excellent prince, mort sans postérité le 30 mai 1855. Son cousin Mohammed lui succéda.

XXXVI

Première visite pastorale du Vicaire apostolique.
Amphithéâtre romain de Gem. Ossuaire de Gerbi.

Mgr Sutter, accompagné de son chancelier et
d'un frère laïque, ne tarda pas à se mettre en chemin
pour sa première visite pastorale. Son Altesse le
Bey lui fournit les commodités d'escorte que nous
avons dites.

Nous visitâmes toute la côte du sud, depuis Soliman, situé au fond du golfe de La Goulette, jusqu'à
Gerbi, sur les frontières de Tripoli. Dans cette longue course, qui dura un mois environ, deux monu-
ments, le premier romain, l'autre turc, nous offrirent
un grand intérêt de curiosité.

Le monument romain, à mi-chemin entre Souse et
Sfax, est l'amphithéâtre de Gem, l'ancienne Trisdus,
aujourd'hui très petit village arabe qui, au pied de
cet édifice, ressemble à un escargot au pied d'un
éléphant. Ses plus grandes maisons sont construites
avec les plus petites pierres de cette ruine gigan-
tesque. On dit que ce fut l'œuvre de Caius Gracchus,
envoyé pour réédifier Carthage en l'an 125 avant
Jésus-Christ. L'aspect de ce monument rappelle le
Colysée de Rome.

L'autre monument est d'un genre bien différent;
il nous frappa bien davantage. C'est une tour, ou
pyramide, construite dans l'île de Gerbi, où nous
fûmes obligés de rester huit jours, à cause des vents
contraires; le petit navire que nous avait accordé le
caïd de Sfax pour un voyage d'environ cinquante
milles sur mer, n'aurait pas pu les affronter. N'ayant
encore là ni station ni habitation de missionnaire,
nous fûmes accueillis par la famille Tapia, de Trieste,
qui y réside depuis longtemps pour son commerce, et
reçoit habituellement nos Pères, lorsqu'ils viennent
visiter cette île, y administrer le baptême aux nou-
veaux-nés et les autres sacrements aux adultes.

Le monument en question, haut de quatre à cinq
mètres, et large en proportion, était tenu en bon
état de conservation par les indigènes. Il a été construit en l'an 1560, non d'énormes pierres taillées,
comme celui de Gem, mais de crânes et d'ossements
de chrétiens espagnols. En voici l'histoire, racontée
par M. Alphonse Rousseau dans ses *Annales Tunisiennes* :

« Après que Charles-Quint eût pris une partie des
villes de la Tunisie, Philippe II conçut le dessein de
s'emparer de Tripoli. Dans ce but, il confia une
armée au vice-roi de Sicile, don Juan de la Cerda,
duc de Medina Celi, qui embarqua ses troupes sur un
nombre considérable de navires, et se dirigea vers
l'île de Djerbo (dite Gerbi par les européens), pour
se porter ensuite sur Tripoli. Malheureusement, le
mauvais temps et l'extrême agitation de la mer obligèrent cette expédition à rester plusieurs semaines
au mouillage de l'île. Ce contre-temps fut favorable
au Dey de Tripoli; il eut le temps d'en informer le

Grand Seigneur, qui fit partir en toute hâte l'amiral Prati-Pacha. Celui-ci fondit à l'improviste sur la flotte espagnole. »

Plusieurs navires furent pris par les Turcs ; près de cinq mille Espagnols furent jetés dans les fers. Le duc de Medina Celi réunit quelques vaisseaux qui avaient pu échapper, et rentra à Trapani. Il laissait à don Alvarez de Saude, son lieutenant, le soin de défendre la petite forteresse de l'île de Gerbi avec une poignée de braves, qui endurèrent pendant plusieurs semaines les plus cruelles privations. Fatigués de cette fâcheuse position, ils prirent le parti de se jeter en désespérés sur les lignes ennemies, pour se faire jour, gagner le rivage, et se sauver. Mais les Turcs se rallièrent et les taillèrent en pièces. Pour constater leur victoire et la rappeler aux générations futures, ils élevèrent, sur le théâtre même de leurs exploits, cette abominable pyramide, que les indigènes réparent et blanchissent chaque année.

Nous eûmes l'occasion de la voir plusieurs fois pendant notre séjour forcé à Gerbi, en mai 1845. De retour à Tunis, Mgr l'Évêque et moi nous en parlâmes à M. Charles de Lagau, ainsi qu'au ministre, M. le chevalier Raffo, leur insinuant qu'ils feraient bien, à l'occasion, d'exprimer à Son Altesse Ahmed-Bey combien ce monument était humiliant pour les européens, et quelle contradiction il présentait avec l'esprit si tolérant et conciliant du prince. Le Bey comprit la justesse de cette observation, et donna des ordres pour la destruction de la tour. Ceux qui en furent chargés retardèrent le plus qu'ils purent l'exécution ; elle eut lieu seulement en 1848. L'Évêque fit recueillir et transporter ces débris dans le cimetière catholique de

l'île, où dès 1847 nous avions établi une chapelle et
un missionnaire. Celui-ci, Père Gaétan de Ferrare,
trouva parmi ces ossements un petit crucifix d'ivoire
très bien conservé. Il le déposa religieusement dans
sa chapelle; puis, ayant dû se rendre à Rome en septembre 1849, il le porta à N. S. P. le pape Pie IX
comme souvenir de ces infortunés espagnols. Le
Souverain Pontife témoigna l'accepter avec plaisir, et
fit don à ce Père d'une belle médaille.

XXXVII

Correspondance entre Pie IX et le Bey au sujet de la mission.

Vers la fin de 1846, Mgr Sutter dut retourner à Rome pour les affaires de son vicariat. Ce voyage lui fournit l'occasion de faire connaître à Sa Sainteté les bienfaits d'Ahmed-Pacha-Bey pour sa personne et pour la mission. Le Pontife fut touché et consolé, au point de ne pouvoir se refuser à lui-même le plaisir d'adresser spontanément au prince la lettre suivante :

« PIE IX, pape.

Illustre Prince, salut ! Nos paroles sont impuissantes, Illustre Prince, à exprimer le plaisir que Nous a causé l'arrivée de Notre Vénérable Frère Fidèle, évêque de Rosalia, vicaire apostolique de la mission de Tunis, qui ces jours-ci est venu à Nous. Notre cœur a éprouvé une joie et une consolation souveraines, en apprenant de sa bouche votre bienveillance, vos soins, vos bienfaits pour la mission, ainsi que l'humanité et la libéralité avec lesquelles vous la protégez et aidez. Aussi, bien que Nous ayons chargé Notre Vénérable Frère de vous offrir de Notre part, à son retour, les plus vives actions de grâces, Nous ne pouvons nous

refuser de vous écrire les présentes lettres ; car ce
Nous est une joie de vous exprimer et assurer, dans
les termes les plus clairs, la sincérité et la reconnaissance qui inclinent Notre cœur vers vous. Nous espérons que vous continuerez, comme vous l'avez fait
jusqu'ici, d'user de votre puissant patronage et de
votre autorité, pour protéger, aider et défendre soit
Notre Vénérable Frère, soit les autres religieux missionnaires, et tous les catholiques qui résident en ces
régions. C'est un devoir de Notre charge pastorale
que de le demander de tout Notre cœur à Votre
Altesse, qui agréera certainement cette lettre et ce
désir. Donc, Illustre Prince, Nous prions instamment
le Seigneur, souverain dispensateur de tous les biens,
de vous accorder ceux de la prospérité, de la santé et
d'une longue et heureuse vie. Donné à Rome, au
palais apostolique du Quirinal, le 10 février 1847,
première année de Notre pontificat.

" PIE IX, pape. "

Cette lettre fut présentée au Bey, le 20 mars
suivant, par Mgr Sutter, accompagné des officiers
consulaires de France. Son Altesse la reçut avec un
extrême plaisir : c'était une démarche bien nouvelle,
vis-à-vis d'un prince musulman, de la part du Pontife des chrétiens. Le Bey voulut répondre à Sa Sainteté, ce qu'il fit trois mois après, le 17 juin, en ces
termes, que nous traduisons de l'arabe :

" Louange à Dieu unique !

" A l'auguste personne de Celui dont la puissance
dans le monde à acquis la plus grande force, de Celui

dont les bienfaits et les bonnes œuvres ont brillé aux yeux de tous, de Celui qui est le centre autour duquel viennent se grouper la religion du Christ et les puissances souveraines. Au suzerain des princes et des armées, à la couronne des têtes illustres, au sublime, au remarquable, à notre ami le pape Pie IX, souverain de Rome la grande. Puisse-t-il ne jamais cesser d'édifier sur les bases de la grandeur et de la noblesse ! Puisse sa main toujours répandre la bonne harmonie dans les cœurs humains, et l'y entretenir!

" Après avoir offert à Votre Majesté et à vos éminentes qualités religieuses les hommages qui leur sont dûs, nous avons l'honneur de vous faire connaître que nous avons reçu votre bienveillante lettre, dont le contenu respire les sentiments de la plus parfaite amitié et l'expression de votre sincère affection pour le genre humain. Ce sont les résultats de la droiture de votre jugement et du but glorieux et utile que vous vous proposez. Les pages de votre glorieuse histoire et vos œuvres généreuses en font foi.

" Votre lettre, ce cher et premier écrit, nous a comblé de la joie la plus vive ; car, depuis les siècles passés jusqu'à ce jour, aucune relation n'avait existé entre votre gouvernement et le nôtre : rien, non plus, n'avait porté atteinte à la pureté de nos sentiments mutuels. Je souhaite ardemment que ces heureuses relations n'aient jamais de fin entre nous; leur conservation purifiera la sincérité de l'amitié, et sera d'un grand avantage pour le bien des créatures en général.

" Nous avons accueilli le très honorable et très respectable, le ferme appui de la religion chrétienne, celui qui compte parmi les aides de Votre auguste

Majesté, Sa Seigneurie Fidèle, évêque de Rosalia, supérieur des religieux établis à Tunis, lequel nous a porté votre lettre, qui nous a rempli le cœur d'allégresse et de doux sentiments. Cette remise nous a été faite, concomitamment, par le Consulat général du grand et sublime gouvernement français, protecteur des intérêts de la religion du Christ.

» Nous nous sommes réjoui de ce que nos soins envers les religieux établis dans nos États vous ont été agréables, et que vous y avez été sensible. Nous n'espérions pas moins de votre caractère et de l'élévation de vos sentiments. Aussi sommes-nous porté davantage à faire constamment tous nos efforts pour assurer le bien-être des habitants chrétiens de notre pays, et particulièrement celui des religieux et des supérieurs ecclésiastiques.

» Nul doute que, par la conservation de vos jours et de votre bienveillante sollicitude, toutes choses produiront les fruits du bien, de l'utilité, de la tranquillité et de la prospérité.

» Nous prions Dieu qu'il vous prête toujours son aide puissant pour arriver à faire le bonheur des créatures, et marcher sans cesse dans le bon et droit chemin.

» Puissiez-vous être toujours le sublime chef de la religion chrétienne, et le flambeau éclairé des souverains!

» Écrit par celui qui exalte Votre Grandeur, le pauvre vis-à-vis de son Dieu suprême, son esclave, AHMED-BEY, possesseur du royaume de Tunis.

» Écrit le 3 Megel 1263. »

XXXVIII

Établissements religieux fondés par Mgr Sutter.

Nous avons eu occasion de dire qu'une chapelle catholique et une habitation de missionnaire furent établis par Mgr Sutter dans l'île de Gerbi, où résident environ trois cents catholiques.

Semblable établissement fut créé à la Mehdia, en août 1848, dans une maison prise à loyer. En 1862, le gouvernement nous permit de convertir en chapelle un magasin précédemment construit par un négociant français. La mission acheta une maison mauresque attenante, pour en faire le logement du missionnaire. Mehdia est habitée par environ deux cents catholiques.

Dans le courant de 1851, une autre chapelle fut ouverte à Biserte, et un missionaire y fut placé à demeure dans une maison mauresque prise à loyer. Cette ville renferme un peu plus d'une centaine de catholiques qui y sont fixés; mais de nombreux pêcheurs de corail y passent toute la belle saison.

En 1853, une autre station de missionnaire et une chapelle furent établies à Porto-Farina dans une maison accordée à la mission par le gouvernement du bey Ahmed. Il y a là environ quatre-vingts chrétiens, presque tous maltais ou tabarquins, y compris quelques familles résidant à Resgibel, petit village distant de six milles, situé au bord de la mer.

Une dernière station de missionnaire fut établie en 1862 à Monastir, ville distante de douze milles de Souse, et habitée par plus de deux cents chrétiens.

En résumé, nous possédons neuf familles solidement établies sur la côte de Tunisie, depuis les frontières de l'Algérie jusqu'à celles de Tripoli, savoir :

Tunis, fondée en 1624 ; La Goulette, en 1836 ; Souse, en 1836 ; Sfax, en 1841 ; Gerbi, en 1847 ; Mehdia, en 1848 ; Biserte, reprise en 1851 ; Porto-Farina, également reprise en 1851 ; Monastir, fondée en 1862.

Il y aurait encore deux ou trois stations à pourvoir de chapelle et de missionnaire : Nabel, l'ancienne Néapolis africaine, près de laquelle fut exilé le grand Cyprien ; La Garlipia, à l'extrémité du cap Bon ; et Soliman, au fond du golfe de La Goulette. Ces petites populations de chrétiens maltais ou siciliens ne sont pas assez nombreuses pour pourvoir par elles-mêmes aux frais du culte et à l'entretien d'un missionnaire. Nous espérons qu'avec le temps la Providence nous fournira le moyen de les assister ; de la sorte, sur t ute l'étendue de la côte tunisienne, aucun groupe chrétien ne sera dépourvu de secours religieux.

Outre les établissements ci-dessus pour le culte, nous avons dû en fonder d'autres, pour l'éducation de la jeunesse des deux sexes, à Tunis, à Souse, à Sfax et à La Goulette. En 1854, Mgr Sutter fit le voyage de Paris dans le désir d'en ramener quelques Frères des Ecoles chrétiennes ; il n'y réussit point pour le moment. Un an plus tard, je fis en son nom le même voyage, et le résultat fut plus heureux. La fondation eut lieu en octobre 1855. Depuis lors, nos classes sont divisées en deux quartiers : l'un est dans notre ancienne résidence, que nous avons cédée aux Frères ; ils y habitent, et y reçoivent les enfants des négociants et des familles aisées. L'autre, destiné aux classes gratuites, est dans l'ancien consulat de Danemark. Mille vingt-sept enfants ont, à l'heure d'aujourd'hui, l'inappréciable avantage d'être élevés par les Frères : trois cent quatre-vingt-dix-huit fréquentent le premier quartier ; six cent vingt-neuf sont reçus dans le second.

La Goulette, Souse et Sfax ont aussi demandé des Frères, et Mgr le Vicaire Apostolique désire leur procurer cet avantage ; mais nous n'avons pas encore été en mesure de les satisfaire.

La mission entretient aussi, à Tunis, à Souse, à Sfax et La Goulette, des communautés de Sœurs de Saint-Joseph de l'Apparition, congrégation fondée à Alger par feue la baronne de Vialard, pour l'éducation des jeunes filles et pour l'assistance des malades.

Voilà, Monsieur le Président, les notions historiques que j'ai pu recueillir sur cette mission, dans le but de satisfaire vos désirs et d'obéir à mes supérieurs. J'ai rempli ma tâche dans la faible mesure de mes capacités. Je laisse à une plume plus habile et plus expérimentée le soin de vous exposer ce qui se sera passé de notre temps, et qu'il ne nous appartient pas de raconter. Ceux qui viendront après nous, trouveront, dans des archives soigneusement réunies et conservées, des notes et des mémoires sur les principaux faits qui ont eu lieu depuis vingt-deux ans que nous habitons Tunis [1].

F. Anselme des Arcs,

Missionnaire apostolique de l'ordre des Capucins,
Chancelier et Secrétaire général du Vicaire apostolique.

(1) Ces archives ont été détruites par un incendie, quelque temps après le départ du P. Salvator-Marie de Naples, qui, investi de la préfecture apostolique des Capucins de Tunisie en même temps que Mgr Lavigerie était chargé du vicariat, fut, au bout de trois ans, appelé à Rome pour y recevoir la consécration épiscopale, comme on verra plus loin. Le P. Salvator-Marie avait victorieusement résisté aux instances de l'Éminentissime administrateur, qui prétendait avoir droit à la possession de ces archives, indubitable propriété de notre Ordre. Nos Pères, moins heureux, n'ont pas pu les soustraire aux ravages du feu. Il s'ensuit que les documents ci-après sont les seuls que nous ayons pu ajouter aux Mémoires du P. Anselme, écrits en 1865.

APPENDICES

XXXIX

La mission de Tunis passe aux mains de S. E. le Cardinal
Lavigerie, archevêque d'Alger.

Nul n'igore les événements qui, en l'an 1881,
placèrent la Régence de Tunis sous le protectorat de
la France, et chacun apprécie la différence de ce
protectorat, dont le caractère est uniquement politique, avec celui que notre pays exerçait depuis plusieurs siècles dans le Levant et les États barbaresques, au bénéfice de la religion catholique.

De ce changement devaient résulter pour la mission des conséquences qui seront suffisamment expo-
sées dans les correspondances suivantes, extraites
du journal l'*Univers*, et dans les réflexions dont nous
les ferons suivre :

Univers du 23 juillet 1881 :

« On nous écrit de Tunis, le 11 juillet 1881 :
» Les événements politiques qui viennent de s'accomplir en Tunisie, et qui se poursuivent encore en
ce moment de la manière que connaissent vos lec-

teurs, ont eu, au point de vue spirituel et ecclésiastique, des conséquences qu'il était facile de prévoir.

« Le vicaire apostolique de Tunis, Mgr Sutter, âgé aujourd'hui de 87 ans, demandait depuis plusieurs années au Saint-Siège l'autorisation de se démettre de sa charge. Ses instances ayant redoublé dans ces derniers temps, par suite de la difficulté des circonstances, le souverain Pontife a daigné condescendre à ses prières, et la démission de notre vicaire apostolique a été acceptée par le Saint-Siège. Mgr Sutter emporte, en se retirant, le respect de de tous. Il a passé plus de quarante ans en Tunisie, d'abord comme supérieur des Capucins, et ensuite comme évêque. Dans le bref par lequel il nomme son successeur, et qui vient d'être communiqué au clergé du vicariat,[1] N. S. P. le pape Léon XIII rend l'hommage le plus mérité aux vertus de ce prélat vénérable.

« Mais le difficile était de remplacer, en ce moment, le vicaire apostolique démissionnaire. On avait d'abord songé à une combinaison qui aurait placé à la tête du vicariat apostolique de Tunis un capucin de l'un des couvents de la Régence[2]. Mais tous les Capucins qui sont actuellement en Tunisie appartiennent à la nationalité italienne, et les passions que les derniers événements ont si profondément surexcitées devaient faire craindre au gouvernement français que la nomination d'un prélat italien ne lui

(1) Les mots « clergé du vicariat » sont impropres, il faudrait : « aux Pères missionnaires. »

(2) Il n'y avait pas de couvents de Capucins dans la Régence, mais des stations de missionnaires.

créât des embarras sérieux pour l'avenir. Il n'y a pas, en effet, en ce moment, un seul prêtre ou religieux français employé dans les missions de la Régence. Les Pères des Missions d'Alger qui dirigent le collège de Saint-Louis de Carthage, sont les seuls prêtres qui appartiennent à notre nationalité, et ils s'occupent exclusivement de leur établissement. Notre ambassadeur à Rome a donc dû, par ordre de son gouvernement, faire des observations au Saint-Siège sur cette situation délicate. L'élément français étant appelé à se développer en Tunisie, il y avait grandement lieu de tenir compte de ces observations. C'est ce qu'a fait le souverain Pontife, et, dans l'impossibilité de pourvoir en ce moment à une organisation définitive, on a pris un moyen terme, en chargeant le métropolitain de l'Algérie de prendre l'administration spirituelle de la Régence, et d'y préparer les éléments d'un clergé nouveau.

» Jusqu'ici, comme nous l'avons dit plus haut, il n'y a, dans la Régence, que des Capucins italiens. Ils y ont fondé dix paroisses, et ils y sont au nombre de vingt. Le vicariat apostolique ne possède, d'ailleurs, ni évêché, ni cathédrale, ni séminaire, ni même des écoles pour les enfants chrétiens, à l'exception de deux écoles de Frères, à Tunis et à La Goulette, et cinq écoles de sœurs, en divers lieux [1]. La population catholique est d'environ quarante mille

---

(1) Cette manière de s'exprimer équivaut à un mensonge par l'impression qu'elle fait, à la première lecture. Au fond, elle dit : Il y a des écoles partout où il est possible et utile d'en établir. Il n'y a pas de séminaire; mais la mission se recrute dans l'ordre religieux le plus populeux qu'il y ait en l'Église.

âmes, répandues sur toute la surface du pays[1]. La plupart de ces chrétiens sont italiens et maltais. Ce n'est que dans ces dernières années que l'élément français a commencé à se mêler aux deux autres, et dans ces derniers mois il a pris un plus rapide développement.

» Mgr Lavigerie a accepté l'offre, qui lui était faite de concert par le Saint-Siège et par le gouvernement, de se charger de l'organisation ecclésiastique de la Régence[2]. Par un rescrit de la Propagande en date du 26 juin dernier, suivi bientôt d'un Bref pontifical daté du 28 du même mois, il a été investi de l'autorité du Saint-Siège sur cette région. Il est arrivé, en conséquence, à Tunis depuis quelques jours, et jeudi dernier, 7 juillet, il a pris régulièrement possession de sa charge, après avoir communiqué au clergé du vicariat[3], dans un mandement écrit en latin, les pouvoirs qu'il a reçus du Saint-Siège. Dans ce même mandement, il déclare choisir provisoirement, pour vicaire général, le Révérend Père Deguerry, supérieur général des Missionnaires d'Alger, et aujourd'hui procureur général du même ordre dans la Régence.

» Tout s'est passé comme il convenait, avec ordre, régularité et esprit de paix[4]. Vous en jugerez par ce

(1) Il y avait, en Tunisie, quelques milliers de chrétiens, qu'au moment de la pêche du corail.

(2) La lecture des précédents Mémoires a montré que la Régence était pourvue d'une organisation ecclésiastique très parfaite, surtout depuis l'érection du vicariat.

(3) Nous répétons qu'il n'y avait pas de « clergé » dans le Vicariat, mais des missionnaires, parce que c'était une mission.

(4) Dans la correspondance suivante, la calomnie la plus fausse remplacera cette édifiante affirmation.

trait, qui vous fera connaître également la haute
vertu de Mgr Sutter.

» A peine ce vénérable évêque eut-il reçu de Rome
l'avis officiel de l'acceptation de sa démission et de
la nomination de Mgr Lavigerie comme son successeur, qu'il se rendit auprès de ce prélat pour faire
acte de soumission à son autorité. Il avait apporté
avec lui une étole pastorale qu'il avait reçue, il y a
près de quarante ans, de la reine Marie-Amélie. Il
la présenta à l'archevêque d'Alger, en lui disant :
« C'est l'insigne du Pasteur; permettez-moi de vous
» le remettre. Il vous sera doublement agréable,
» puisqu'il vous vient de la France. Et moi, je suis
» heureux, en vous l'offrant, de prouver que les
» évêques n'ont qu'un cœur et qu'une âme : on pour-
» rait, dans les circonstances actuelles, penser qu'il
» n'en est pas ainsi de nous. Cette étole, que vous
» porterez ici comme je l'ai portée moi-même, prou-
» vera à tous le contraire. »

» Mgr Lavigerie, profondément touché et ému de
l'expression de ces sentiments, s'agenouilla devant
son vénérable prédécesseur, en lui demandant de
placer lui-même sur ses épaules l'étole pastorale, et
d'y joindre sa bénédiction. Le vieil évêque refusait
d'abord de bénir son collègue, disant qu'il n'était plus
rien désormais; enfin, il se rendit à ses instances, et
bénit avec effusion celui qui allait lui succéder, lui
recommandant ceux dont il avait été lui-même si
longtemps le père.

» Mgr Sutter quitte Tunis ces jours-ci, pour se
retirer à Rome dans un couvent de son ordre, où il
lui sera fait une situation convenable pour son rang
et pour ses services. Il a pris congé avant-hier du

Bey de Tunis, auquel il a été présenté par M. Roustan, ministre résidant de France [1].

» Aujourd'hui même, Mgr Lavigerie a été présenté à ce souverain musulman, qui lui a donné toutes les marques du plus grand respect, et s'est plusieurs fois recommandé à ses prières, dans des termes qu'on ne trouverait pas souvent, à l'heure présente, sur les lèvres de souverains chrétiens. L'audience était publique. Mgr l'Administrateur apostolique a été présenté au Bey par M. Roustan, qui était accompagné des officiers de la marine française actuellement en rade de La Goulette.

» Mgr Lavigerie doit résider à Tunis pendant le temps que durera son administration, c'est-à-dire probablement durant plusieurs années. Pendant ce temps, le diocèse d'Alger sera administré par Mgr Dusserre, coadjuteur, avec future succession, du vénérable prélat, qui se contentera de faire quelques apparitions passagères à Alger.

» Je ne vous dis rien, aujourd'hui, des projets que l'on prête au nouvel administrateur de la Tunisie, et de ce qu'il veut faire pour ressusciter le nom et les grands souvenirs de l'Église de Carthage. Il sera naturellement appelé lui-même à en entretenir les fidèles de son diocèse et du monde catholique tout entier, et vous les connaîtrez alors autrement que par des bruits plus ou moins authentiques, comme sont ceux que l'on répand en ce moment en Algérie et en Tunisie. »

(1) Il convient d'ajouter ici que, en acceptant la démission de Mgr Sutter, notre Saint-Père le pape Léon XIII, à la date du 2 août 1881, le créa archevêque titulaire d'Ancyre. Le vénérable prélat est mort à Ferrare, sa patrie, le 30 août 1883.

Univers du 20 août 1881.

« On nous écrit de Tunis, le 14 août :

» Les journaux de France ont publié une dépêche de Tunis qui parlait d'une prétendue pétition faite par les dames italiennes, à l'instigation du clergé de cette nation, pour demander au souverain Pontife la nomination d'un évêque italien à la place de Mgr Lavigerie, récemment chargé de l'administration apostolique de la Tunisie. Cette pétition, disait la dépêche, se fondait sur l'intention qu'aurait eue Mgr l'archevêque d'Alger de remplacer par des prêtres français tous les prêtres italiens de la régence.

» Cette nouvelle, qui est arrivée à Tunis par les journaux de France, est absolument controuvée. Après les plus minutieuses informations, je puis vous affirmer qu'aucune pétition de ce genre n'a été faite, ni par les dames italiennes, ni par d'autres.

» Les seuls faits qui aient pu donner naissance à une pareille rumeur sont les prétentions des PP. Capucins italiens, qui ont tout d'abord refusé de reconnaître l'autorité de l'administrateur apostolique, alléguant qu'ils n'étaient point sous sa juridiction, et lui refusant même tout droit d'entrer dans leurs églises, les seules qui existent dans la Régence[1]. Ces religieux étaient secrètement poussés à cet acte de révolte par les agents du gouvernement italien, qui prétendaient que les fondations religieuses de la Tunisie, étant dues à la générosité des italiens, ne pouvaient être soumises à l'autorité d'un prélat français.

_____

(1) Ceci est une calomnie pure et simple, ainsi que tout ce qui est raconté dans les trois alinéas suivants.

» Se basant sur cette raison, les Capucins avaient refusé de publier la lettre de prise de possession de Mgr Lavigerie, et l'un d'eux, même après le départ de Mgr Sutter, avait cru pouvoir prendre possession de la cure de Tunis sans l'intervention de l'administrateur apostolique.

» Mais, ces faits ayant été portés à la connaissance du Saint-Siège, celui-ci s'est empressé de condamner hautement la conduite des Capucins italiens, et de les forcer à se soumettre, comme ils le devaient, à l'autorité de Mgr Lavigerie.

» La raison mise en avant pour justifier une telle attitude était du reste complètement fausse. Les missions des Capucins de la Tunisie n'ont nullement une origine italienne. Elles ont été dotées, en partie, par l'Œuvre de la Propagation de la Foi, comme toutes les autres missions du monde, et en partie par le gouvernement du bey.

» Tout est, grâce à Dieu, aujourd'hui apaisé. Les Capucins ont publié la lettre pastorale de Mgr Lavigerie dans toutes leurs églises. Ils ont reconnu qu'ils se trouvaient placés sous sa juridiction pour tout ce qui concerne l'administration des paroisses et le soin des âmes. Le curé de Tunis lui a humblement demandé des pouvoirs. En un mot, toute cette affaire est aujourd'hui terminée, et le Révérend Père Deguerry, vicaire général provisoire de Mgr Lavigerie pour la Tunisie, exerce paisiblement toute sa juridiction. »

Univers du 30 août 1881.

« Monsieur le Rédacteur,

» Dans un premier article sur les missionnaires

Capucins de Tunisie, votre correspondant se bornait à des insinuations malveillantes, à des naïvetés un peu... grosses. Il n'y avait qu'à laisser dire. Son nouvel article (*Univers*, 20 août) va plus loin : il y a, dans cette prose si étudiée, des allégations trop injurieuses et trop fausses pour être acceptées. Je vous prie donc, Monsieur, au nom du Père Procureur des missions de l'Ordre, d'insérer les lignes suivantes :

» Il est faux que les Pères Capucins italiens aient fait « acte de révolte » et refusé de reconnaître la juridiction de Mgr Lavigerie. Dès que la nomination d'un nouveau vicaire apostolique a été officiellement connue, tous les religieux de la mission ont dit, non sans regrets peut-être, mais du moins sans arrière-pensée : *Roma locuta est, causa finita est.* Votre correspondant, d'ailleurs, ne devrait pas oublier les éloges qu'il donnait lui-même à la conduite si noble et si religieuse de Mgr Fidèle Sutter envers son successeur. Or, en recevant le nouveau vicaire apostolique, Mgr Sutter n'était pas une individualité isolée; mais il représentait tous les religieux de la mission, dont il était le supérieur. Voilà le fait; et les petits froissements de nationalité auxquels on a donné de part et d'autre trop d'importance, ne sauraient ni en diminuer la portée, ni en changer le caractère.

» Il est faux que le Saint-Siège ait condamné les Capucins italiens de Tunisie. La raison en est bien simple : il n'y a eu contre eux aucun recours, ni direct, ni indirect. Je l'affirme en connaissance de cause, et sur des renseignements incontestables.

Un des missionnaires « avait cru pouvoir prendre

" possession de la cure de Tunis sans l'intervention " de l'administrateur apostolique... " Le fait est exact; mais l'Administrateur apostolique lui-même peut dire qu'il y a eu dans " cette prise de possession " un simple malentendu. Quelques mots d'explication ont suffi pour tout régulariser. C'est par suite du même malentendu que la publication de la lettre pastorale a été retardée, à Tunis seulement.

" Les autres inexactitudes de ce second article sont de moindre importance : il n'est pas nécessaire de les relever. Je veux toutefois rassurer votre correspondant sur les prétentions des Capucins. En Tunisie comme ailleurs, ils n'en ont qu'une ; elle est vieille comme leur histoire : celle d'avoir été partout et toujours les enfants soumis de la sainte Église. C'est là, Monsieur, un devoir spécial et, je me permets d'ajouter, une des plus belles gloires de l'ordre séraphique.

" Un conseil pour finir : si votre correspondant cherche la gloire de Dieu, — et je le crois de toute mon âme, — qu'il s'abtienne d'écrire de semblables articles. Ils n'ont aucun but avouable ; ils ne peuvent faire aucun bien, et Notre-Seigneur ne doit pas en être content.

" Daignez agréer, Monsieur le Rédacteur, l'assurance de mes sentiments bien respectueux

" F. Pie de Langogne,
" *Secrétaire général de l'Ordre.*

" Rome, 23 août 1881[1]. "

---

(1) L'*Univers* se sentit vivement blessé par des observations présentées avec tant de mesure et de convenance. Il protesta de son affectueuse estime pour notre Ordre, et rappela qu'il

FRAGMENT DE LA PREMIÈRE LETTRE PASTORALE
DE MGR L'ADMINISTRATEUR APOSTOLIQUE DE TUNIS.

Univers du 11 septembre 1881.

« ... Je me bornerai aujourd'hui à constater que la création d'un protectorat français à Tunis et l'extension des intérêts et des relations de la France dans cette Régence y ont, au point de vue catholique, rendu nécessaire l'introduction, à côté du clergé italien, le seul qui s'y trouvât jusqu'ici, d'un clergé d'origine française.

« Les circonstances ont favorisé ce changement comme d'elles-mêmes.

« Le vénérable prélat qui gouvernait, depuis près de quarante ans, le vicariat apostolique de Tunis, courbé sous le poids de ses quatre-vingt-six années, avait déjà, à plusieurs reprises, demandé au Souverain Pontife d'être délivré de ses fonctions épiscopales. En présence des complications nouvelles que les évènements faisaient naître, Mgr Sutter a renouvelé ses instances, et le Saint-Siège n'a pas cru devoir refuser plus longtemps de les exaucer.

l'avait parfois prouvée. Après cette insinuation charitable, il chercha, par des phrases qui n'apportaient aucune confirmation aux dires de son correspondant, à montrer que celui-ci pouvait n'être pas dans son tort : c'était parler pour ne rien dire. Il eut mieux valu que la rédaction du grand journal catholique prît quelques informations chez nous, où elle aurait rencontré la sincérité la plus absolue, et qu'elle fît enquête sur le caractère personnel de son correspondant, assez connu dans le clergé : ceci l'eût mis en mesure de ne pas étendre un scandale déjà trop fâcheux.

» On avait d'abord pensé à une combinaison qui donnerait pour successeur à ce prélat un religieux italien. Le gouvernement protecteur a insisté, au contraire, dans l'intérêt de ses nationaux, pour qu'un prélat français fût chargé de la direction du vicariat apostolique.

» Le choix d'un évêque étranger à l'Afrique était presque impossible, à cause de la nécessité de connaître les langues parlées en Tunisie, et de prévoir les difficultés que peut créer parfois, pour une main inexpérimentée, le fanatisme musulman. C'est sans doute pour ces raisons que le Souverain Pontife a daigné penser à mon humble personne. La charge est lourde, il est vrai, et elle se surajoute à beaucoup d'autres. Mais j'ai cru que, malgré les embarras et les fatigues, il ne m'était pas permis de la décliner, puisque je pouvais espérer y servir à la fois l'Église et la France. C'est le sentiment qu'exprimait le grand évêque de Tours, qui a si bien mérité, il y a de longs siècles, de l'une et de l'autre : *Domine, si populo tuo sum necessarius, non recuso laborem.*

» C'est ainsi, Messieurs et chers coopérateurs, que j'ai courbé la tête devant les désirs du Saint-Père.

» Voici le texte du bref pontifical qui me donne le titre et les pouvoirs d'administrateur apostolique. Ce bref, qui a été remis par le Saint-Siège au gouvernement français, est déjà publié dans les églises de la Tunisie. Je ne le ferai pas publier dans les nôtres, puisqu'il ne leur est point destiné ; mais je désire qu'il soit conservé dans les archives de vos paroisses, comme une marque de mon obéissance et de l'union étroite qui s'établit entre les anciennes églises du nord de l'Afrique, à mesure qu'elles sortent du tombeau.

*A notre Vénérable Frère Charles Lavigerie,
archevêque d'Alger.*

LEON XIII, PAPE,

« Vénérable Frère, salut et bénédiction apostolique.

» Notre Vénérable Frère Fidèle Sutter, évêque de
» Rosalia *in partibus infidelium*, qui pendant de
» longues années a gouverné le vicariat apostolique
» de Tunis avec un zèle singulier, un soin, une vigi-
» lance, une sollicitude pour le salut des âmes qui le
» rendent digne de reconnaissance, Nous a fait con-
» naître par écrit que le poids de l'âge l'oblige à
» renoncer à cette charge. Voulant répondre au vœu
» qu'il Nous a exprimé, Nous déchargeons de ses
» fonctions Notre Vénérable Frère Fidèle, illustre à
» tant de titres, et Nous jugeons convenable de pla-
» cer à la tête de ce même vicariat un administrateur
» apostolique. C'est pourquoi, voulant vous donner
» une preuve de Notre particulière bienveillance,
» Nous vous avons nommé, Vénérable Frère, par
» Notre autorité apostolique, et Nous vous procla-
» mons, en vertu des présentes lettres, administra-
» teur du vicariat de Tunis, tant au spirituel qu'au
» temporel, selon Notre bon plaisir et celui du Saint-
» Siège. En conséquence, Nous vous accordons tous
» les pouvoirs nécessaires et opportuns pour le bon
» et régulier accomplissement de cette charge.
» Enfin, Nous ordonnons, en vertu de la sainte obéis-
» sance, au clergé et au peuple du vicariat susdit,
» de vous recevoir et considérer comme administra-
» teur apostolique nommé par Notre autorité, et de

« vous rendre en tout respect et obéissance. Nonobs-
« tant tout ce qui pourrait être contraire, et même ce
« qui exigerait une mention spéciale et particulière.

« Donné à Rome, près de Saint-Pierre, sous l'an-
« neau du Pêcheur, le 28e jour de juin MDCCCLXXXI,
« de Notre Pontificat la IVe année.

« Signé : TH. cardinal MERTEL. »

(L. S.)

Univers du 14 septembre 1881.

« On nous écrit de Tunis :

« Je ne vous parle jamais de politique ni de straté-
gie. Je dois cependant aujourd'hui vous dire que les
craintes sont générales parmi les européens et à
Tunis même, par suite de l'accroissement du brigan-
dage. Mais notre grand ennemi, depuis deux mois
et demi, ce ne sont pas les insurgés, c'est le soleil.
Les chaleurs de l'été, plus fortes encore peut-être
cette année qu'elles ne le sont d'ordinaire, ont occa-
sionné d'une part, dans nos détachements, des mala-
dies nombreuses, et particulièrement des fièvres
typhoïdes, et ont empêché, de l'autre, de se mettre
à la poursuite de l'ennemi dans l'intérieur.

« L'occupation, pendant tout l'été, a été simple-
ment défensive. Elle s'est bornée à tenir treize points
différents par des détachements qui ne dépassaient
pas quinze cents hommes en moyenne, et sur lesquels
le quart a été successivement obligé d'entrer dans
les ambulances.

« Je vois que les journaux se font l'écho de plaintes

amères qui leur arrivent de la Tunisie au sujet de
l'organisation de ces ambulances, et en particulier
au sujet des secours religieux qui auraient complètement manqué à nos soldats. Ces plaintes sont fondées, si l'on se réfère au commencement de la
campagne ; mais, depuis un mois et demi environ, le
service s'est chaque jour amélioré, et il est aujour-
d'hui à peu près irréprochable : je puis vous en parler
en connaissance de cause ; parce que j'ai tout vu de
mes yeux, ou à peu près, et que je me suis constamment tenu au courant de tout ce qui s'est fait,
auprès des personnes les plus autorisées.

  - Voici, en particulier, pour ce qui concerne le
service religieux, auquel s'intéressent naturellement
vos lecteurs, des détails complets dont je vous garan-
tis l'authenticité, depuis l'origine de l'expédition
jusqu'à ce jour.

  - Dès le jour où les colonnes expéditionnaires
furent organisées, Mgr Lavigerie, archevêque d'Alger,
qui n'était pas encore administrateur apostolique de
la Tunisie, réclama auprès de l'autorité militaire
l'application de la dernière loi sur les services en
campagne, et obtint du ministre de la guerre qu'un
aumônier serait attaché à chaque colonne, et qu'en
outre les curés de La Calle et de Soukarras, avec
leurs vicaires, seraient détachés comme aumôniers
auxiliaires dans les ambulances qui se trouveraient à
proximité de leurs paroisses. C'est ce qui a été fait,
et ce dont l'*Univers*, fort exactement informé, a
rendu compte à ses lecteurs, en publiant une correspondance datée d'Alger dans le courant du mois de
juin. Lorsque les colonnes expéditionnaires furent
dissoutes et remplacées par des détachements séden-

taires, le général Osmont, commandant le 19ᵉ corps, fit savoir aux aumôniers que leur service était terminé, la loi ne prévoyant des aumôniers que pour les troupes en marche, ou pour les garnisons d'au moins 2,000 hommes, cas qui ne se présentait nulle part en Tunisie.

» Mais bientôt, l'épidémie de fièvre typhoïde dont j'ai parlé s'étant déclarée, Mgr Lavigerie, qui venait de nous être donné pour administrateur apostolique, réclama instamment des aumôniers nouveaux pour les ambulances permanentes qui furent partout établies, et qui étaient de véritables hôpitaux. En attendant la réponse du ministre, il institua lui-même un service d'aumôniers volontaires.

» Le Père Deguerry, son vicaire général, fut délégué à l'ambulance de La Manouba.

» Le Père Delattre, missionnaire d'Alger, à la Goulette.

» Le curé de Biserte, à Biserte et à Mateur.

» Le vicaire de La Calle, à Tabarke et chez les Khroumirs.

» Le vicaire de Soukarras, l'abbé Le Garrec, à Gardimaou, où il a été très grièvement blessé d'un coup de feu à la jambe, qui le forcera longtemps à garder le lit, à Tunis, où il a été transporté.

» Mais ce service, qui n'était qu'officieux, et dont tous les frais incombaient dès lors à l'autorité ecclésiastique, ne pouvait d'ailleurs suffire. M. le général Saussier ayant fait connaître à Mgr l'administrateur apostolique la décision du ministre de la guerre qui, conformément à la loi, autorisait la création d'une aumônerie régulière pour les hôpitaux de la Tunisie, ce prélat s'adressa aux supérieurs majeurs de l'ordre des Capucins, pour en obtenir des religieux français. Vous savez que ce sont des Capucins italiens qui, jusqu'ici, étaient le seul clergé de la Régence [1].

» Cinq de ces religieux furent accordés dès la fin du mois de juillet. Vous avez donné leurs noms et annoncé leur départ de Marseille, quinze jours après, et ils sont aujourd'hui établis à leur poste définitif. En outre, un ancien aumônier militaire de 1870, M. l'abbé Laboille, prêtre du diocèse de Périgueux, est attendu pour l'ambulance du Kef, à laquelle avait été désigné M. l'abbé Delaport, curé de Tébessa, qui est tombé malade. Un prêtre de Constantine est désigné pour remplacer, à Gardimaou, M. l'abbé Le Garrec, blessé, comme il a été dit plus haut; et les curés de Sfax et de Gabès, qui comprennent suffisamment le français, sont désignés comme aumôniers auxiliaires [2].

» Toutes ces nominations ont été proposées directement par Mgr l'administrateur apostolique, et agréées par l'autorité militaire.

» Je vous donne ces détails précis et certains, pour vous montrer que tout le possible a été fait, et que les familles chrétiennes qui ont ici des enfants peuvent être sans inquiétude pour leurs âmes : ils y trouveront, s'ils le veulent, tous les secours nécessaires.

» J'ajoute qu'il n'a pas dépendu de l'autorité ecclésiastique que des sœurs ne fussent attachées aux

(1) Ici, on se demande comment l'Éminentissime administrateur aurait eu la pensée de demander du secours à nos supérieurs généraux, si nos confrères italiens se fussent au préalable révoltés contre lui et contre le Saint-Siège.

(2) Ces deux prêtres étaient des Capucins italiens.

ambulances, où elles auraient pu rendre de grands
services, à cause de la nature spéciale de l'épidémie
qui y sévit, la fièvre typhoïde. Mgr l'administrateur
apostolique avait proposé même d'en prendre tous
les frais à sa charge. Ce qui a empêché la réalisation
de ce désir, c'est qu'on n'a pu résoudre convenable-
ment, pour la plupart des ambulances qui sont dans
des pays éloignés et déserts, la question du logement
de ces religieuses. L'administration militaire ne voulait pas les exposer en les mettant sous la tente.
Mais la question n'est pas abandonnée, et, si l'épidémie ne cesse pas avec l'abaissement de la tempéra-
ture, on trouvera sans doute un moyen de résoudre
cette difficulté.

» Je termine cette longue lettre comme je l'ai
commencée, en vous disant que le moment où nous
sommes est le plus critique que nous ayons encore
traversé. La Tunisie, sauf Tunis et les villes occupées
par nous, est et restera dans un complet état d'anar-
chie, jusqu'à ce que la campagne puisse être sérieusement reprise. Il faut encore attendre quelques jours.
Si, alors, nous avons trente mille hommes, c'est-à-
dire le double de notre effectif actuel, on aura bientôt
raison de l'insurrection. Les fanatiques et les pillards
seuls en sont partisans ; tout le reste de la population,
même musulmane, désire la paix ; elle s'accommo-
dera, sans trop se faire prier, du nouvel état de
choses. Il faudra seulement frapper *vite et fort*. C'est
à l'opinion, en France, de l'imposer à nos gouvernants, car nos vies et nos fortunes dépendent aujour-
d'hui complètement d'eux et de la vigueur de leurs
résolutions.

» *P. S.* — Au moment de fermer ma lettre, on me

remet le numéro de l'*Univers* dans lequel se trouve
une lettre du Père Pie de Langogne en réponse à ma
dernière correspondance. Je ne puis que vous remer-
cier des explications que vous avez données vous-
même ; elles répondent parfaitement aux faits maté-
riels que le Père Pie de Langogne ne peut, du reste,
nier, et à mes intentions, qui étaient de constater,
contrairement aux bruits qui couraient encore, soit
à Tunis soit ailleurs, que les Capucins italiens s'étaient
soumis de la manière la plus complète et la plus édifiante aux dernières décisions du Saint-Siège, prises
à leur égard, et que dès lors, toute cause de conflit
était heureusement écartée. Je ne puis qu'être désolé
avec vous que le Père Pie prétende que de semblables intentions ne sauraient être agréables à Dieu. -

NOS OBSERVATIONS SUR LES PRÉCÉDENTES CORRESPONDANCES.

Après deux siècles et demi de dévoument et de sacrifices, dont cette Histoire a donné quelque idée, la
difficile mission de Tunis était arrivée, comme on a
vu, à une assez remarquable prospérité. Nos religieux
n'ont pu éprouver qu'une consolation sensible à voir
leur œuvre passer en des mains plus riches de ressources, et par conséquent plus capables d'y produire à
l'avenir tous les biens que leur zèle avait désirés sans
pouvoir les réaliser. Ce sont là nos sentiments et notre
conduite en plusieurs contrées du globe, où nous
défrichons le champ du Père de famille, pour y intro-
duire ensuite le clergé séculier et lui laisser la place.

Il a plu au correspondant anonyme de l'*Univers* de

jeter sur nous une flétrissure, au moyen de mensonges et de contradictions avec lui-même. Il n'a pas eu assez de sincérité pour se rétracter dans la dernière lettre qu'on vient de lire, et dans le *post-scriptum* qui la suit : c'est son affaire. Cette flétrissure était peu de chose pour des hommes qui n'avaient recherché dans leur travail aucun avantage humain ; mais elle imposait à nos supérieurs généraux le devoir d'un démenti. De tous les ordres qui servent l'Église, le nôtre est celui dont le caractère, l'esprit et l'histoire témoignent d'une plus incomparable soumission à l'autorité ecclésiastique et à ses dépositaires de tous les degrés. Nos religieux de Tunis ne s'étaient pas écartés de cette loi et de cette tradition ; il importait donc que cette imputation anonyme cessât de faire tache, surtout aux yeux de l'ordre lui-même. Si l'esprit de récrimination ou de représailles eût été le nôtre, nous n'eussions pas manqué de motifs et de moyens de l'exercer, à propos d'un correspondant qui ne savait pas s'informer, qui blâmait l'étonnement d'un missionnaire outrageusement dépossédé par un personnage ignorant de toutes les formes légales et civiles, et qui niait en propres termes l'origine italienne d'une mission desservie par nos Pères italiens depuis deux cent cinquante-sept ans.

Mgr Lavigerie, le premier intéressé, ne comprit pas les choses de cette manière : il supplia nos supérieurs généraux de lui accorder cinq religieux français pour le service du corps d'occupation, et un peu plus tard il fit promouvoir à l'épiscopat Mgr Buagiar, un de nos missionaires maltais de Tunisie[1].

_____

(1) Les religieux envoyés sur la réquisition de Mgr Lavigerie furent : les PP. Patrice de Clermont et Honoré du Horps,

Le personnel de notre mission est donc resté dans la Régence, se livrant avec le même dévoûment qu'autrefois aux œuvres que la nouvelle administration apostolique juge à propos de lui confier. La juridiction diocésaine ne s'impose aux religieux que pour leurs travaux extérieurs ; ils doivent toujours avoir, pour l'intérieur, un supérieur de l'ordre : dans les missions, c'est un préfet apostolique. La Propagande dévolut cette fonction au Révérend Père Salvator-Marie de Naples. alors préfet apostolique de nos missions du Brésil et du Paraguay (2 octobre 1881). Après trois ans de séjour à Tunis, il fut, le 25 août 1884, préconisé évêque titulaire de Castoria, et coadjuteur avec future succession de l'évêque de Bovino, qui mourut le 16 octobre suivant. Aujourd'hui, Mgr Salvator-Marie Bressi occupe le siège métropolitain d'Otrante.

de la province de Paris ; Félicien de Saint-Étienne et Antoine de Roanne, de la province de Lyon ; Timothée d'Yenne, de la province de Savoie. Le P. Patrice y est resté cinq années entières, d'abord à Aïn-Draham, puis à Tabarca.

XI.

De la vie et des travaux du missionnaire isolé dans sa station.

Ce qui va suivre est traduit des articles publiés dans l'*Eco di S. Francesco*, par le Révérend Père Salvator-Marie de Naples, préfet apostolique des Capucins de Tunis, aujourd'hui archevêque d'Otrante.

« Dans le second volume des Mémoires de cette mission, je lis ceci : « En juin 1847, Mgr Sutter « pourvut à la fondation d'un hospice (station de « missionnaire) à Biserte, pour le bien spirituel de la « population catholique. Il y envoya le Père Joseph- « Marie de Lugnano, qui y est resté environ deux « ans..... » Par suite du défaut de ressources, et par l'effet des obstacles, des hostilités et des contradictions auxquels se heurte souvent la bonne volonté des supérieurs ecclésiastiques, il y eut après cela quelque interruption. Mais, le 6 août 1852, le Vicaire apostolique put envoyer à Biserte le Père Jérémie de Giletta (comté de Nice), capucin de la province de Piémont. Ce missionnaire prit à loyer, pour le prix annuel de deux cents piastres, une petite maison fort misérable, qui appartenait à un maure. Elle lui servit d'oratoire et d'habitation jusqu'en 1865, où elle tomba en ruines, et le maure ne voulut point la réparer.

» Le Père Jérémie avait été curé à Bône et à La Calle d'Algérie, où son affabilité, sa courtoisie, sa charité lui avaient mérité l'estime des habitants. Il avait ensuite redemandé aux supérieurs de sa province l'habit de notre ordre, dont il avait cru devoir se dépouiller dans sa jeunesse. C'était un bon religieux, d'un cœur compatissant, d'un esprit élevé et noble ; il paraissait plus propre que tout autre à gouverner la petite mission de Biserte, et à l'établir sur des fondements durables. Il y aurait pleinement réussi sans le tragique événement que je vais raconter.

» A cette époque, la pêche du corail était extrêmement active. Les pêcheurs épars sur les rives enchantées du golfe de notre belle Naples, venaient, joyeux et pleins d'espérance, sur de pauvres barques, à Biserte, dont le golfe était pour eux la montagne de Crésus. Sous le soleil de midi et sous les ombres de la nuit, sur les eaux tranquilles et sur les flots bouleversés par la tempête, on voyait également le va-et-vient des barques, et les mouvements des pêcheurs, qui semblaient tenir pour néant leur vie, tant ils l'exposaient afin d'arracher du fond de la mer la précieuse pierre édifiée par le polype.

» On ne saurait dire combien profondément la foi chrétienne était enracinée dans leurs cœurs. Si la foudre déchirait les nues, si les vents et les flots, agitant leurs frêles barques, menaçaient de les submerger, ils invoquaient leur Mère, Marie Immaculée, lui promettant cierges, messes et litanies à l'oratoire de la mission, en retour de leur délivrance de ce péril. Aussitôt la tourmente cessait; les pêcheurs, reconnaissant Marie pour leur libératrice, venaient, les larmes aux yeux, témoigner à cette bonne Mère leur filiale gratitude.

» Le Père Jérémie admirait cette foi et cette simplicité des pêcheurs napolitains, qui ne cessaient jamais de donner des preuves de leur amour pour Marie, et, surtout après la tempête, venaient s'agenouiller aux pieds du missionnaire pour être absous de leurs fautes, et se nourrir ensuite, à la table eucharistique, de la chair immaculée du Fils de Marie. C'était un spectacle émouvant et un édifiant exemple, en une ville où la plupart des chrétiens, s'ils ne vivaient pas tout à fait comme des maures, du moins oubliaient trop Dieu et leur âme.

» Ces pieuses manifestations de leur foi ne suffisaient pas au zèle religieux de ces bons marins. Ils se prirent à vouloir donner à la Vierge Marie une autre preuve de leur amour, qui serait en même temps un hommage de leur vénération pour le missionnaire. Ils offrirent à celui-ci leur concours pécuniaire pour la reconstruction de son habitation et de la chapelle; mais, comme ce secours ne pouvait pas être suffisant, le bon Père crut qu'une collecte faite en Algérie pourrait y suppléer.

» Il se mit donc en route peu de mois après, c'est-à-dire en septembre 1868, et revint à la fin d'octobre avec trois mille francs, somme qui, dans ses calculs, lui permettrait de réaliser le projet ci-dessus.

» Le bon Père Jérémie n'avait d'autre désir que de donner accroîssement et solidité à la mission. Avec l'autorisation de la Propagande et celle du Vicaire Apostolique, il avait déjà pu acquérir trois jardins, les uns pour fournir les ressources nécessaires à l'en-

tretien du culte, un autre pour former un cimetière
et offrir une sépulture décente aux chrétiens morts
dans le baiser du Seigneur.

» Deux frères, siciliens d'orgine, Benoît et François N., étaient ses jardiniers. Après avoir erré d'un
pays à l'autre, ils avaient trouvé dans le bon missionnaire un père, un ami, qui, pris de compassion pour
leur misère, les accueillit sous son toit (*li accolse
all' ombra del sacro tetto*), vêtit leur nudité, et calma
leur faim. Mais c'étaient là deux vipères, qui, après
avoir été réchauffées dans le sein de l'homme bienfaisant, y avoir recouvré la force et la vie, devaient
le frapper de mort.

» Benoît et François, une fois connu le résultat de
la collecte algérienne, n'eurent plus de paix. Et qui
sait si, dans sa confiance ingénue, le digne religieux
ne montra pas aux deux scélérats la cachette de l'or?
Toujours est-il que, du 15 octobre, jour de son arrivée, au 21, ils préparèrent l'exécution de leur forfait.
Le soir de ce jour-là, il fit asseoir à sa table et
entretint gaîment ces deux hyènes qui se disposaient
à le dévorer.

» Le repas fini, le bon Père récita l'action de
grâces, et il prenait le chemin de sa chambre, lorsque les deux brigands se ruent sur le bienfaiteur
qui avait séché leurs larmes au temps de leur malheur,
le bâillonnent, le terrassent, et le frappent avec
barbarie. Le sang coule et jaillit jusque sur les vête-
ments des assassins. Ils frappent avec plus de fureur
leur victime, au moyen du couperet qui leur servait
à tailler les vignes, jusqu'à ce qu'elle ait rendu le
dernier soupir.

» La justice humaine ne laissa pas ce crime im-

puni. Ses deux auteurs furent condamnés, l'un à vingt
ans, l'autre à dix-huit ans de travaux forcés dans les
salines de Cagliari.

» Le Père Jérémie fut pleuré et regretté de tous,
israélites, maures et chrétiens, car tous l'aimaient
sincèrement ; tous admiraient son ouverture de cœur,
sa générosité, et surtout l'esprit de pauvreté séraphique qui, en le rendant sévère pour lui-même, lui
fournissait le moyen d'être si large envers les pauvres, auxquels il donnait absolument tout. Le vide que
cette mort lamentable laissait à Biserte, s'explique
par l'effet foudroyant de la disparition de l'homme
providentiel, du prêtre charitable et zélé, du missionnaire dont tous avaient besoin, parce qu'il se faisait
tout à tous, et était toujours généreux, bienfaisant
et affable.

» On ne peut se faire une idée du vide qui, dans
les missions étrangères, suit le départ du missionnaire, soit qu'il s'éloigne pour aller réparer au pays
natal ses forces épuisées, soit qu'il quitte cette terre
d'exil pour se présenter au juste Rémunérateur. Les
bons pleurent sa perte ; les méchants s'en réjouissent.
Ces derniers ne tardent cependant jamais à se plaindre aussi, et à se sentir obligés de confesser que, au
milieu des turcs, comme chez les sauvages des forêts
vierges, le prêtre catholique c'est la vie au milieu du
froid silence des sépulcres, c'est l'espérance au milieu
des présomptions et des désespoirs des malheureux
enfants du siècle, c'est l'inébranlable soutien de la
famille chrétienne. Si quelque homme, aveuglé par
ses passions, s'obstinait à nier cette vérité, ce serait
le cas de lui répéter ces mémorables paroles de Ter-
tullien à l'Empereur romain : « Notre absence, sei-

gneur, serait pour vous le plus grand des malheurs.
Si nous quittions vos villes et vos villages, votre
puissance serait abattue, et vous trembleriez dans la
solitude où vous n'entendriez plus que le silence ;
votre terre elle-même serait épouvantée comme en
face de la mort. »

» Pour remplacer le Père Jérémie, Mgr Sutter
envoya d'abord à Biserte un prêtre francais fort zélé,
qui, atteint d'une maladie de poitrine, dut bientôt
abandonner ce poste. Le 3 octobre 1870, le prélat
lui substitua le Père Alexandre de Varazze, capucin
de la province de Gênes.

» A son arrivée, la maison de la mission étant
absolument en ruines, ce Père habita celle de la
famille Costa, originaire de Santa-Margherita, en
Ligurie. Et comme, après la mort du Père Jérémie,
les ornements mêmes de la sacristie avaient été dila-
pidés, Mgr le Vicaire apostolique fournit au Père
Alexandre ceux qui pouvaient suffire à la célébra-
tion des saints mystères et à l'administration des
sacrements.

» Le nouveau missionnaire dut reprendre la pensée
de son prédécesseur : construire une église pour la
colonie chrétienne de Biserte. Chose difficile, puisqu'il manquait de toute ressource. Il ne se découragea
point, et commença par exposer à Mgr Sutter son
projet et en même temps sa détresse. Le prélat eut
recours à Son Altesse Mohammed-Ellemin-Bey, qui
répondit être heureux de pouvoir coopérer à une
œuvre aussi méritoire vis-à-vis de Dieu. Il fit cet
acte de donation :

« Louange à Dieu !

» Nous soussigné déclarons donner à perpétuité, en
» faveur de l'Église catholique, une maison habitée
» par M. Étienne Costa, et les trois magasins
» annexes, qui nous appartiennent en toute propriété,
» et sont situés à Biserte, confinant au sud avec
» le consulat d'Autriche, au levant avec la voie
» publique, au nord avec le magasin qui précédem-
» ment appartenait à Hag-Mustapha-Ben-Gemea, et
» au couchant avec la voie publique qui conduit
» à Dar-el-Gerdi, pour lesquels maison et magasins,
» nous nous obligeons à ne réclamer ni rente, ni
» loyer, ni prix de leur valeur.

» Écrit par l'esclave de son Dieu Mohammed-Elle-
» myn-Bey (que Dieu le protège ! *Amen*) le 15 scianel
» 1281.

» Signé : MOHAMMED-ELLEMYN-BEY. »

« Je laisse maintenant le Père Alexandre conti-
nuer son histoire.

» Une fois que j'ai eu la maison, je me suis mis
» à l'œuvre. N'ayant ni argent ni ouvriers, j'ai dû
» me faire charpentier et maçon. Mon église a vingt
» mètres en longueur, huit en largeur, sept en hau-
» teur. Elle est de style toscan, fort simple. Il y a
» cinq autels et quatre statues : l'une représente
» Notre-Dame du Carmel; elle a été faite à Naples,
» et donnée par M. Maglioli Scaranna, marchand de
» corail. Deux autres représentent saint Joseph et
» sainte Restitute ; elles viennent de Marseille. La
» quatrième représente l'Immaculée-Conception :
» c'est un marbre sculpté à Livourne.

» L'église terminée, je me suis occupé du cime-
» tière. N'ayant pas d'argent, je mis en gage pour
» trois ans un jardin : cela me fournit le moyen de
» faire au moins le plus nécessaire.

» A mon arrivée à Biserte, j'ai trouvé les enfants
» dans la plus grande ignorance de leur religion. Des
» jeunes gens de dix-huit à vingt ans savaient à peine
» faire le signe de la croix. Je commençai donc
» à faire le catéchisme deux fois par jour, et, lors-
» qu'ils ont été suffisamment instruits et préparés,
» j'ai prié Mgr le Vicaire apostolique de venir leur
» administrer le sacrement de confirmation.

» Après l'instruction religieuse, je pensai à leur
» donner l'instruction littéraire. Pour cela, en l'an
» 1874, j'ouvrais une école, actuellement fréquentée
» par trente-neuf écoliers, ainsi répartis : seize ita-
» liens, six français, quatre maltais, et treize israéli-
» tes. Contraint de m'éloigner d'eux plusieurs fois
» par jour pour mon ministère paroissial, j'ai dû
» m'associer un maître, dont je paie les honoraires.

» Depuis quatorze ans que je suis ici, aucun
» gouvernement ne m'a donné un sou pour cette
» école ; toutes les dépenses ont été à ma charge.
» Que tous les ministres de l'instruction publique
» prennent donc exemple sur moi !

» En 1881, le 13 mai, après l'occupation de la
» Tunisie par l'armée française, le ministre de la
» guerre, avec l'agrément du cardinal Lavigerie,
» archevêque-administrateur, et de mes supérieurs
» religieux, me nomma chapelain auxiliaire de l'hôpi-
» tal militaire de Biserte. Cela m'a obligé à m'y
» rendre deux fois par jour pour consoler spirituelle-
» ment et corporellement les pauvres malades, et

« leur administrer à temps les saints sacrements. Au
« commencement de la campagne, n'ayant aucun lieu
« où placer les soldats morts, je les faisais porter dans
« mon habitation, et déposer dans une chambre
« voisine de la mienne.

« Le culte catholique est ici entretenu avec décence.
« Les Sœurs de Saint-Joseph nous ont été envoyées
« par Mgr l'Éminentissime administrateur, pour l'édu-
« cation et l'instruction des jeunes filles. C'est une
« véritable providence pour cette ville. Les bonnes
« religieuses déployent un infatigable courage dans
« le soin de toutes les enfants du pays, sans distinc-
« tion de religion. Leur coopération m'a donné le
« moyen d'établir l'association des Enfants de Marie,
« dont l'exemple et les chants ont attiré à l'église
« même ceux qui précédemment n'y mettaient jamais
« les pieds. Aussi des neuvaines et autres œuvres de
« piété s'y font-elles fréquemment, ainsi que le mois
« de Marie en son temps. J'ai, suivant l'intention de
« notre Saint-Père, solennisé le mois de Notre-Dame
« du Rosaire, récitant chaque jour cette prière avec
« le peuple, et y joignant un fruit spirituel.

« Il y a maintenant cinq ans, un maure, assez bon-
« homme, me dit que ses trois fils étaient toujours
« malades, et me demanda un remède capable de les
« guérir et de prévenir toute rechute. « Oui, lui
« répondis-je, j'ai Sidi Maria (Madame Marie), qui
« seule peut faire ce que tu désires. Si tu savais com-
« bien elle est bonne ! Dis-lui de servir de mère à tes
« fils et de les bien garder, et tu verras qu'ils seront
« bons et bien portants. Tiens, voici trois médailles
« de Marie ; mets-les au cou de tes enfants, et chaque
« jour prie-la bien de les garder. » Le maure prit les

« médailles et s'en alla. Quelques jours après, je le
« revis, et, tout joyeux, il me dit que ses enfants
« étaient guéris. Hier, 12 octobre 1883, en plein
« mois du saint Rosaire, il m'apporta une sienne
« petite fille d'environ dix-huit mois, assez malade,
« et me pria de lui donner une médaille de Sidi Maria,
« afin qu'elle la portât à son cou : ses autres enfants,
« disait-il, se portaient bien, et pour cela ne quittaient
« leur médaille ni jour ni nuit. O puissance de la Mère
« de Dieu ! Que cette Vierge bénie procure la conver-
« sion de ces pauvres infidèles à la foi de son Fils !

   « Considérant encore le bien immense que je
« pourrais faire à cette population par l'exercice de
« la médecine, je pris à ce sujet conseil de Mgr Sut-
« ter, et, de son agrément, je me mis à l'œuvre.
« Comme vous le savez pour l'avoir vu, j'ai quelque
« goût pour cet art, et je consacre avec persévérance
« à son étude le peu de moments qui me restent libres.
« De plus, le manque absolu de médecins m'a con-
« traint, dès le principe de mon ministère, à prendre
« soin des malades, à quelque religion qu'ils appar-
« tinssent : je ne me sentais pas le courage de les
« laisser périr dans leurs maux. Grâces à Dieu,
« j'ai eu du succès, comme vous le pourrez conclure
« de la statistique de mes guérisons, que je remets
« entre vos mains. »

Ici, le Père Alexandre, négligeant une foule de cas
moins graves, décrit les principaux, et ajoute :

   « Ces guérisons fournissent au missionnaire le
« moyen de baptiser les enfants d'infidèles en péril
« certain de mort, et j'en ai ainsi envoyé quarante-
« huit au ciel. »

SÉRIE DES PRÉFETS APOSTOLIQUES.

1624. Ange de Conigliano.
1630. Louis de Palerme.
1638. Alexandre de Gênes.
1647. Joseph de Gênes.
1648. Zaccharie de Finale.
1649. François de Vintimille.
1651. Jean Le Vacher, prêtre de la Mission.
1672. Charles d'Ancône.
1685. Vincent de Frascati.
1693. Benoit de Fossano.
1698. Basile de Turin.
1702. Michelange de Palestrina.
1708. Donat de Cantalapa.
1712. Gabriel de Montecchio.
1716. Joachim d'Amatrice.
1719. François de Modène.
1723. Jérôme de Pontremoli.
1724. Théodore de Pavie.
1730. Clément de Rome.
1738. Antonin de Novellara.
1744. Charles-Félix d'Affori.
1747. Louis d'Aversa.
1750. Étienne-Antoine de Gênes.

1755. Alexandre de Bologne.
1761. Jérôme d'Albano.
1765. Gaétan de Sivigno.
1766. Pierre-Paul de Cadoro.
1768. Santi de Lizzano.
1772. Sébastien de Cortone.
1782. Clément de Montalbodo.
1792. Charles de Pianfei.
1797. Fortuné de Fabriano.
1797. Venance-Marie de Camerino.
1802. Septime de Montalbodo.
1807. Alexandre de Massignano.
1815. Michelange de Partuna.
1819. Alexandre de Massignano.
1832. Louis de Mariala.
1837. Louis de Taggia.
1841. Pierre-Paul de Malte qui eut pour sous-préfets les Pères :

1841. Emmanuel de Malte.
1842. François de Malte.

1843. Mgr Sutter, vicaire apostolique.
1881. Salvator-Marie de Naples, nommé préfet apostolique avec juridiction sur les missionnaires Capucins, en même temps que le Vicariat était commis à Mgr Lavigerie.

SÉRIE DES CONSULS DE FRANCE.

1623. Bourrelli, Pierre.
1625. Maure, Jean-Baptiste.
1628. Ange (de l'), Martin.
1640 Maure, Étienne.
1648. Le Vacher, Jean-Pierre-Marie.
1667. Ambrosin, Jean.
1674. Gratien (de) Charles.
1681. Plastier, Étienne.
1684. Le Maire, Claude.
1685. Michel, Antoine.
1690. Sorhain (de), Auger.
1712. Michel. M...
1718. Bayle, Joseph.
1724. Pignon, Pierre-Jean.
1729. Gervais (de Saint-)
1734 Gauthier, M...
1743. Fort, M...
1754. Grou (du) de Sulauze.
1763. Saizieu (de), Étienne
1778. Devoize, vice-consul.
1779. Rocher (du), Jean-Baptiste.
1787. Châteauneuf (de).
1791. Villeneuve (de). Guy.

1792. Devoize.

1796. Beaussier.

1797. Devoize.

1809. Billion.

1814. Sielve, gérant du consulat.

1815. Devoize.

1819. Mallivoire, vice-consul.

1824. Guys, Constantin.

1827. Lesseps (de) Matthieu, décédé à Tunis.

1832. Deval, Alexandre.

1836. Schwebel.

1838. Lagau (de), Charles.

1848. Maceschau.

1849. Theis (baron de).

1852. Béclard, Léon.

1855. Roches, Léon.

1863. Beauval (de), Charles.

1865. Chesne (du) de Bellecourt.

SÉRIE DES PRINCES SOUVERAINS DE TUNIS.

DEYS.

1610. Youssouf.
1637. Ousta-Morad.
1640. Ahmed-Khodja.
1647. Hadj-Moammed-Lay.
1653. Hadj-Moustapha-Lay.
1665. Hadj-Moustapha-Karakas.
1667. Hadj-Mohammed-Aghli.
1669. Hadj-Chaban-Khodja.
1672. Hadj-Moammed-Meuked.
1673. Hadj-Ali-Lay.
1673. Hadj-Djemal.
1676. Hadj-Moammed-Bichara.
1677. Hadj-Mohammed-Djeval.
1677. Hadj-Ahmed, régna trois jours.
1677. Ouzoun-Taback.
1682. Ahmed-Chelebi.
1686. Hadj-Baklache-Khodja.
1688. Ali-el-Rais.
1694. Ibrahim-Khodja.
1694. Mohammed-Khodja.
1694. Mohammed-Tabar.

1695. Yakoub.
1695. Hadj-Mohammed-Khodja.
1699. Dali-Mohammed.
1701. Kanadj-Mohammed.
1702. Kara-Moustapha.
1702. Ibrahim-el-Cherif, d'abord dey, puis
bey.

BEYS.

1705. Hussen-ben-Ali-Turki.
1735. Ali-Pacha.
1756. Mohammed-Bey.
1759. Ali-Bey.
1782. Hamoda-Pacha.
1814. Othman-Bey.
1814. Mahmoud-Bey.
1824. Hussein-Bey.
1833. Moustapha-Bey.
1837. Ahmed-Bey.
1855. Mohammed-Bey.
1859. Mohammed-es-Sadok-Bey.

REGESTUM PONTIFICIUM.

I.

Bref d'Urbain VIII, 20 avril 1624.

Dilecto filio Angelo de Coniglione, Fratrum Ordinis Minorum Sancti Francisci Capuccinorum nuncupatorum, Urbanus PP. Octavus. DILECTE, ex omnibus caritatis officiis quibus æterna salus familiæ Christianæ per gratiam Dei comparatur, illa Redemptori nostro vel maxime placere credimus per quæ infelices captivi e terra impiorum et misera servitute revocantur. Et propterea piis Christifidelium et præsertim (eorum qui) suavi Religionis jugo Altissimo famulantur, votis ad id tendentibus favorabilem quantum Nobis ex alto conceditur præbemus assensum. CUM itaque nuper exponi fecisti tu, qui, ut asseris, alias in Aphricæ partibus captivus detentus fuisti, ob usum et partium peritiam præfatarum qua præstas, ad easdem pro captivis hujusmodi liberandis te conferre posse summopere desideras, si Nostra id tibi et Apostolicæ sedis licentia suffragetur et facultas. Nos, singularem caritatem tuam in Domino commendantes, teque in hujusmodi laudabili proposito confovere et spiritualibus favoribus prosequi volentes, a quibusvis excommunicationis, suspensionis et interdicti, aliisque ecclesiasticis sententiis a jure vel ab homine quavis causa latis, si quibus quomodolibet innodatus es, istis ad effectum duntaxat consequendum harum serie absolventes et absolutum fore censentes, hujusmodi supplicationibus tuo nomine porrectis inclinati, teque ut de superioribus licentia, et arbitrio Venerabilis Fratris Archiepiscopi Panormitani, ac assumptis tecum duobus sociis a Provinciali Siciliæ, vel ab alio superiore designandis, ad Algeriam et alias Aphricæ partes pro Christifidelibus inibi in misera infidelium servitute detentis te transferre et divertere, ibique degere et commorari libere et licite possis et valeas Apostolica auctoritate et tenore præsentium licentiam concedimus et impartimur. Non obstantibus, etc.

Datum Romæ, die 20 aprilis 1624.

II.

Décret de la S. C. de la Propagande, 30 janvier 1636

Decretum SS. Congregationis de Propaganda fide habitæ coram SS. die 30 januarii 1636, referente D. Cardinali S. Honophrii. Sacra Congregatio missionem decrevit PP. Alexandro de Janua, Zachariæ a Finati, Cypriano de Cadice et Didaco Januensi, capuccinis, a Rmo P. Concionatore SS. DD. N. et a Generali Capuccinorum approbatis, ad civitates Barbariæ in quibus sunt captivi christiani, regni Tuneti, Almidiæ et Constantinæ, exceptis locis qui Augustinianis discalceatis sunt assignati; hujusque missionis Præfectum declarat Adm. R. P. Alexandrum de Janua. Ac eidem missioni scuta centum decrevit pro sustentatione PP. Missionariorum, qui ordinariam residentiam habere debebunt in Tabarca, insula DD. de Lumellinis Januensium. Eidemque Patri Alexandro jussit tradi instructionem juxta decretum editum die 30 januarii 1636 ut supra.

CARDINALIS ANTONIUS BARBERINUS, præfectus.
F. JACOBI, secretarius.

III.

Instructions annexes au précédent décret.

1° Si eriga una missione in Tabarca di Religiosi, i quali si dovessero impiegare nell'accorrere alle città e borghi della Barberia, e specialmente in Algeri, Tripoli e Tunisi, per consolare e visitare gli schiavi cattolici.

2° Che ai detti Religiosi si concedessero le facoltà di missionari, colla potestà di communicarle, in parte o in tutto, a due sacerdoti schiavi in ognuna di queste città, elegendone li più degni.

3° Che a due sacerdoti schiavi si dasse anco la facoltà di sostituire *per modum provisionis*, altri due colle medesime facoltà, allorquando nascesse il caso della loro morte, o del loro riscatto, col peso di dare prontamente avviso ai missionari di Tabarca dei sacerdoti instituiti, onde vengano approvati o sostituiti altri in loro vece.

IV.

Lettre du cardinal Antonelli à Mgr Sutter, 20 février 1851.

« Rmo Illmo Signore, il Santo Padre ha appresso con piacere, in seguito foglio di V. S. Illma e Rma direttami nel 29 p. pto novembre, la distinzione che Sua Altezza il Bey ha voluto usare à Lei ed agli altri religiosi detti alla sua persona, decorandoli del Nichan in proorzione del grado. E tale circostanza non pot᷍᷍᷍᷍on riuscire di soddisfactione al Santo Padre, il qu᷍ vede in ciò un publico testimonio di stima e di onore ai sagri ministri della cattolica religione da un principe eterodosso. Feci in oltre presente a Nostro Signore il desiderio da Lei esternatomi di ottenere il permesso per se e pei suoi di fregiare della relativa insegna. La Santità Sua pertanto, sebbene per questa parte insorgessero difficoltà cagione dell' Instituto da loro professato, non di meno, previa le intelligenze col Rmo Padre Generale dell' ordine, e nella vista di procurare loro maggior rispetto presso i musulmani, con vantaggio notabile dei cattolici costi dimoranti, si è benignamente degnata condescendervi, a condizione che simili insegne non vengano usate visibilmente fuori della periferia degli stati Ottomani. -

V.

Décret de la S. C. de la Propagation permettant la fondation
d'un hôpital des Pères Trinitaires à Tunis, 3 juin 1720.

Referente Emo et Rmo Cardinali Barberino ins-
tantiam P. Josephi de Castaneda, procuratoris spe-
cialis provinciarum Hispaniæ ordinis SS. Trinitatis
Redemptionis Captivorum, nomine provinciæ Cas-
tellæ supplicantis sibi impartiri facultatem fundandi
in civitate Tunetana hospitale pro captivis infirmis,
quamvis inibi aliud simile hospitale juxta balnea sub
regimine PP. missionariorum ordinis Cappuccino-
rum adsit. S. Congregatio decrevit permittendam
esse petitam fundationem hospitalis PP. Trinitariis,
dummodo sit omnino separatum a balneis, et fiat in
totum illorum sumptibus, tum pro fundatione, tum
pro ejusdem manutentione, et absque ulla contri-
butione S. Congregationis, ita tamen ut possint sub
dependentia Vicarii Apostolici audire confessiones,
ac administrare omnia cœtera sacramenta captivis
infirmis tantum, et non aliis, ac pro tempore duntaxat quo morabuntur in eorum novo hospitali, ubi
illos etiam sepelire valeant, salva in reliquis facul-
tate exercendi in omnibus aliis locis jurisdictionem
ecclesiasticam in omnibus et per omnia quam hodie
habent PP. Capuccini, in quorum ministeriis exer-
citium et facultates missionariorum concernentibus,
quæ ad ipsos PP. Capuccinos privative pertinent, in
nihilo prorsus, sub quovis prætextu seu quæsito

colore, se immiscere debeant. Quinimo illis præfati
P.P. Trinitarii ad opus adeo sanctum ac salutare
-pacifice explendum pro opportunitate rerumque
exigentia strenuam (operam?) præferre teneantur.

Datum Romæ, 3 junii 1720.

JOSEPH, cardin. SACRIPANTES, præfectus.

VI.

Demande de secours aux princes chrétiens, par la Propagande,
pour la construction d'une église et d'un hospice de Capucins à Tunis, 28 juillet 1736.

Vincentius, Sancti Honophrii S. R. E. presbyter
Cardinalis Petra, S. Congregationis de Propaganda
Fide præfectus. Cum Sacræ Congregationi de Propaganda Fide a Patribus Capuccinis Apostolicorum
missionariorum munus exercentibus in civitate Tuneti, immani Maurorum dominio subjecta, expositum
fuerit eos neque hospitium neque propriam ecclesiam
habere, in qua divina peragere ac Christifidelibus
captivis sacramenta ministrare valeant; cumque
propterea summopere supplicaverint pro litteris com-
mendatitiis quibus piam fidelium opem implorantes
pergravi eorum necessitati consulere possint, eadem
Sacra Congregatio, justa atque honesta ipsorum vota
perpendens, tenore præsentium omnibus et singu-
lis principibus, archiepiscopis, episcopis, ordinum
superioribus, ac quibusvis aliis fidelibus, enixe ac

plurimum commendat, ut in obsequium sanctæ fidei
ac divini cultus incrementum, quodcumque eis pro
constructione præfati hospitii atque ecclesiæ præstent
auxilium, gratiam et favorem, secura spe freti ipsos
a Deo Optimo Maximo, ad cujus uberiorem gloriam
eximium hoc et laudabile opus dirigitur, majora in
dies beneficia recepturos.

Datum Romæ, die 28 julii 1736.

Card. PETRA, præfectus.
PHILIPPUS DE MONALIIS, secretarius.

VII.

Décret de la Propagande qui ordonne la publication du Concile de Trente en Barbarie, en 1768.

Sacra Congregatio censuit, si placuerit Sanctis-
simo Domino nostro, decretum Sancti Concilii de
clandestinitate matrimonii publicandum esse in qua-
libet parœcia Tuneti et Algeriæ, servata forma ab
eodem decreto præscripta, atque hujus publicationis
instrumentum esse deinde transmittendum ad eam-
dem S. Congregationem. Qua S. Congregationis
sententia Sancti imo Domino nostro Clementi XIII
relata per R. L. Marium Marefuscum, secretarium,
in audientia habita die 25ª ejusdem septembris 1768,
Sanctitas Sua, benigne approbans atque confirmans,
publicationem decreti de quo agitur in supradictis
parœciis peragi omnino mandavit.

Datum Romæ, ex ædibus S. Congregationis, die 26 mensis et anni quibus supra.

JOSEPH MARIA, cardinalis CASTELLI, præfectus.
M. MAREFUSCUS, secretarius.

VIII.

Décret de la Propagande sur le droit de patronage du cimetière catholique de Tunis, 21 avril 1777.

Decretum S. Congregationis de Propaganda Fide habitæ die 21 aprilis 1777. Cum delatum sit litem ortam esse inter Præfectum Apostolicum missionis Tuneti et nonnullos Corsos captivos ipsius civitatis de jurisdictione super quadam ecclesia seu capella necnon cœmeterio sancti Antonii, sitis extra mœnia prædictæ urbis, variasque inde contestationes atque dissidia, non sine gravi rerum perturbatione exoriri, Eminentissimi Patres, referente Eminentissimo ac Reverendissimo Cardinale Pamphilio ponente, rite perpensis utrinque rationibus, decreverunt captivos Corsos subjectos esse omnimodæ jurisdictioni P. Præfecti Apostolici ibidem pro tempore constituti, et custodiam clavium tum prædictæ Ecclesiæ tum cœmeterii spectare ad Patres Ordinis Minorum Sancti Francisci Capuccinorum in eadem missione degentes, juxta alias edita de hoc ipso a Sacra Congregatione decreta.

Datum Romæ, ex ædibus Sacræ Congregationis, die 21 aprilis 1777.

JOSEPH, cardinalis PAMPHILIUS.

IX.

Décret de la Propagande pour la réduction du nombre des fêtes d'obligation, 11 février 1776.

Ex audientia Sanctissimi Domini nostri Pii divina providentia PP. VI habita per me infrascriptum Sacræ Congregationis de Propaganda Fide secretarium die 11 februarii 1776. Sanctissimus Dominus noster, me infrascripto referente preces Vicarii Apostolici Juliæ Cæsareæ... in Africa, benigne extendit ad omnes Christifideles in toto vicariatus ejusdem districtu degentes decretum alias sub die 10 martii anni 1774 editum pro solis captivis... quo ad forman bullæ Pauli III pro Indis mandatur, cessatis ab actionis servilibus tantummodo in diebus dominicis, Nativitatis Domini nostri Jesu Christi, Circumcisionis, Epiphaniæ, Resurectionis, Ascensionis, Pentecostes, Corporis Christi, necnon Nativitatis Virginis Mariæ, Assumptionis, Purificationis, Annuntiationis et Beatorum Apostolorum Petri et Pauli, ita et cœteris diebus festivis opera servilia facere possint pro eorum indigentiis, servato in reliquis tenore ejusdem decreti.

Datum Romæ, ex ædibus S. Congregationis de Propaganda Fide... (sic).

X.

Bref qui érige en vicariat apostolique la préfecture de Tunis, et nomme vicaire apostolique le P. Fidèle de Ferrare, 21 mars 1843.

Apostolatus officium.... Cum itaque ad Catholicæ religionis bonum in locis Tunetanæ missioni subjectis stabiliter procurandum, statuimus memoratæ missionis regimen Vicario Apostolico caractere episcopali haud insignito committendum esse, Nos, de tua pietate doctrina et prudentia, itemque catholicæ religionis studio quam plurimum in Domino confisi, quod ea quæ tibi committenda duxerimus cumulate sis expleturus, de Venerabilium Fratrum Nostrorum Cardinalium S. E. R. negotio propagandæ fidei præpositorum, absque tamen caractere episcopali, ad nostrum et Sedis Apostolicæ beneplacitum tenore præsentium eligimus, deputamus et constituimus, cum omnibus facultatibus, ac juribus quæ hujus sunt muneris propria, salva tamen ipsius Congregationis auctoritate.

Datum Romæ, die 21 martii 1843.

_____

XI.

Lettre du cardinal Franzoni annonçant au P. Fidèle de Ferrare sa promotion à l'épiscopat, 22 juin 1844.

Ho il piacere di prevenire la Paternità Vostra che questa Sacra Congregazione, in vista del maggior bene che potrà ridondare a codesta missione, e per dare alla Paternità Vostra un contrasegno della stima che ha per la di Lei persona, ha deliberato di supplicare il santo Padre per la promozione della Paternità Vostra al grado vescovile; al che il santo Padre si è degnato begninemente annuire. Per darle siffatto partecipazione per sua norma e governo, debbo aggiungerle che ho già scritto all'Eminentissimo Signore Cardinale secretario dei Brevi, per la spedizione dell'analogo breve.

Roma, 22 di giugno 1844.

Il CARD. FRANZONI, prefetto.

XII.

Lettre de Pie IX à Ahmed-Bey, 10 février 1847.

PIUS PP. IX.

Inclyte Princeps, salutem. Verbis exprimere vix possumus, Inclyte Princeps, quam gratus acceptusque fuerit adventus Venerabilis Fratris Nostri Fidelis, episcopi Rosaliensis, qui istius Tunetanæ missionis Vicarius apostolicus his diebus Nos adiit. Ab ipso enim summa cum animi Nostri lætitia et consolatione audivimus quanta illum, Inclyte Princeps, benevolentia complectaris, quibus studiis prosequaris ac beneficiis afficias, et qua humanitate ac liberalitate missionem ipsam tuearis ac foveas. Itaque, etsi Venerabili Fratri commisimus ut, cum istuc rediret, maximas tibi gratias Nostro nomine ageret, tamen haud potuimus quin has ad te scriberemus litteras, quibus sinceri gratique animi Nostri in Celsitudinem Tuam propensionem luculentissimis verbis testari et confirmare lætamur. Non dubitamus profecto quin, tum ipsum Venerabilem Fratrem, tum reliquos religiosos missionnarios viros, omnesque catholicos qui in istis morantur regionibus, valido ac præsenti tuo patrocinio et auctoritate, atque omni ope, ut adhuc fecisti, tegere, juvare ac defendere pergas. Quod quidem, pro pastoralis muneris Nostri debito, a Celsitudine Tua etiam atque etiam exposcimus animo hæc nostra officia et postulata esse excepturum, Inclyte Princeps, cui interim a Supremo bonorum omnium Largitore Domino prospera cuncta et salutaria, ac diuturnam incolumitatem ex animo precamur.

Datum Romæ, ex Palatio Apostolico Quirinali, die 10 febr. an. 1847, Pontificatus nostri anno primo.

Pius PP. IX.

Inclyto Principi Tuneti.

FIN.

TABLE DES MATIÈRES.

APPENDICES.

REGESTUM PONTIFICIUM.

www.ingramcontent.com/pod-product-compliance
Lightning Source LLC
Chambersburg PA
CBHW072021080426

42733CB00010B/1773